Anne E. Flierdl • Das Rund des Bogens

Das Rund des Bogens

Anne E. Flierdl

Lektora Verlag

Lektora Verlag
Fürstenbergstraße 21 a
D-33102 Paderborn
Tel.: 05251 6886809
Fax: 05251 6886815
www.lektora-verlag.de

Herausgeberin: Anne E. Flierdl
Autor/innen: Anne E. Flierdl, Ursel Andorfer, Isabella Baum,
Josefine Günther, Manuela Hahn, Ela Paro, Karin Probst,
Gabriele Rohrmeier, Christiane Schäfer, Rita Veras, Hubertus Wild

ISBN 3-938470-17-8
1. Auflage 2008
Herstellung: inprint GmbH, D-91058 Erlangen
Umschlagfoto: Christiane Schäfer
Scan, Bildbearbeitung: D8 Digital Lab München
Karikatur: Hubertus Wild
Coverdesign: Lektora Verlag, Paderborn

Das Schreiben ist das Unbekannte.
Bevor man schreibt,
weiß man nichts von dem,
was man schreiben wird.
Und zwar in aller Klarheit.

Marguerite Duras

Inhalt Seite

Vorwort

Das Rund des Bogens

In mehrfacher Hinsicht wird mit diesem Buch ein Bogen gespannt, der sich zu einem Rund formt. Wirklichkeit und Fantasie kommen in lebendigen Erzählungen zum Ausdruck. In den unterschiedlichen Themen findet sich auch Zeitgeschichtliches, mit dem zwischen den Generationen ein Bogen gespannt wird, um so Erinnerungen weiterzugeben.

Eine Anthologie, deren Rund drei Themen umkreist:

Kleine Freiheiten
Mit allen Sinnen
Fantasie-Gebilde

Erzählt in Prosa und Lyrik. Alle Geschichten entstanden in den Seminaren „Kreatives Schreiben", die ich seit einigen Jahren leite. Anregungen unterschiedlicher Art bringen die Schreibenden auf überraschend vielfältige Ideen.

Nicht jeder Bogen führt zu einer vollen Rundung des Kreises und so möchten auch wir Schreibenden mit unseren Texten keinen Anspruch auf Vollkommenheit erheben. Gelegentlich freuen wir uns jedoch über eine gewisse dichterische Freiheit.

Das Rund des Bogens ist das dritte Buch, das wir aus unserem Kreis präsentieren. Bisher sind erschienen:

- Im Jahr 2001 Geschichten, Geschichten ... ISBN 3-935852-06-1
- im Jahr 2003 Vom Zauber der Worte ISBN 3-935852-19-3

Mein Dank gilt allen Autorinnen und dem Autor, die mit ihren Texten zu diesem Buch beitrugen!

München, im Sommer 2008 Anne E. Flierdl

Kleine Freiheiten

Anne E. Flierdl

Wunderbarer Sonntag

Frei – endlich frei! Es ist Sonntag; ich habe frei und ich fühle mich frei. Es ist schon etwas Besonderes um den Sonntag! Bescheiden kommt er daher, als siebter Tag, am Ende der Woche. Er drängelt sich nicht vor, er wartet still, bis er an der Reihe ist. Als Krönung der Woche, auch in meinem Wochenrhythmus.

Schon beim Aufwachen spüre ich diese besondere Ruhe. Eine Stille, die fast greifbar ist. An diesem Morgen gibt es von außen nur wenige Geräusche. Und die wenigen, so scheint mir, sind auch nur gedämpft wahrzunehmen. Meine innere Lautlosigkeit ist erfüllt von einem kaum zu beschreibenden Gefühl der Freiheit, des Freiseins!

In meinem Kopf, in meinem Herzen ist an diesem Tag Raum für vieles. Vieles, das denkbar wäre und das im Wirbel der Woche untergeht, keine Chance hat, beachtet zu werden.
Allein schon das langsame, bewusste Beginnen des Tages. Die Zeit, die an diesem Morgen scheinbar mehr Stunden zählt. Das Erfülltsein beim Lesen von Literatur, das Studieren von Essays oder einfach das ruhige Genießen von Feuilleton-Artikeln und Schöngeistigem, das früher schon mal als erbaulich galt. Oder auch plötzlich der Anflug einer Idee, die unverzüglich darauf wartet, schreibend in Worte gekleidet zu werden, sei es in Prosa oder als Lyrik.

Und dann nicht zu vergessen die Musik, die mich umfängt und in der meine Seele badet. Werke von Mozart, Haydn, Vivaldi, Weber. Konzertantes, manchmal auch Spirituelles verwöhnt mein Gemüt.
Unsichtbare Töne, auf den Wellen des Schalls segelnd, die mich noch begleiten, während meine Gedanken auf Wanderschaft gehen.

Du, lieber Sonntag, scheinst als siebter Tag der Woche wie in Samt und Seide gekleidet zu sein. Mit dir fühle ich eine Erfüllung und Bereicherung, die mir sehr wertvoll ist. Als echter Solitär ragst du heraus aus den Tagen der Woche. Um dich ist wirklich etwas Wunderbares!

Ela Paro

Geniale Erfindung

Als Schulmädchen hatte ich ein Problem. Zwei Monate nachdem das Schuljahr begonnen hatte, kam ich in die vierte Klasse einer Kleinstadtschule in Bayern. Die Klassenkameradinnen kannten sich mindestens zwei Monate, die meisten jedoch seit Jahren.

Ich war die Neue, auf die alle schauten und dann tuschelten. Auch wenn ich gehört hatte, was sie sagten, hätte ich es nicht verstanden. Denn ich kannte damals noch nicht die deutsche Sprache. Meine Muttersprache war polnisch.
Der erste Tag in dieser Schule war nicht viel schrecklicher als die darauf folgenden Schultage. Eine Unterrichtsstunde dauerte eine Ewigkeit, es fiel mir schwer, so lange still zu sitzen. Zwischen Deutschunterricht, Biologie, Heimatkunde und Religion kannte ich keinen Unterschied. Leider waren die Stunden, die wir mit Rechnen verbrachten, viel zu kurz. Ich kam zu dem Schluss, dass nicht Worte, sondern Zahlen die Völker verbinden sollten, denn überall schien eins plus eins zwei zu sein. Wozu hatte man überhaupt Wörter und Sprachen erfunden? Viel interessanter wäre es, sich in Zahlenzeilen ausdrücken zu können. Nach dem der Rechenunterricht vorbei war, erfand ich Zahlenzeilen und versuchte ihre Bedeutungen zuzuordnen.
Die 1 stand für Begrüßung, die 2 für danke, die 3 für bitte, die 4 für essen, die 5 für trinken, die 6 für schlafen die 7 für kommen, die 8 für gehen, die 9 für lernen, die 10 für verabschieden, u.s.w.

Mit Zahlen könnten sich auch Menschen verständigen, die nicht sprechen konnten, jeder hat schließlich 10 Finger.
Oder man sagte einfach 2-4-5-10-8-6, was bedeuten würde: „Danke für Essen und Trinken; ich verabschiede mich und gehe schlafen."

Leider konnte ich meine neue Erfindung mit niemandem teilen, denn keine der Klassenkameradinnen verstand mich. Nach der Schule lernte ich zuhause die deutsche Sprache, fast im Alleingang, denn meine Mutter hatte wenig Zeit. Dafür lag immer ein dickes Wörterbuch in der Küche, und bei jeder Frage hieß es, schau einfach nach.

Nach den Weihnachtsferien gab es in der Schule eine Veränderung. Am ersten Schultag im Januar stand eine junge Dame vor uns und sprach uns an. Danach sollte reihum jede Schülerin etwas sagen. Meine Gedanken überschlugen sich. Wie sollte ich mich ausdrücken? Immerhin hatte ich drei Möglichkeiten: In meiner Sprache, in Zahlen oder in Gesten? Ich verwarf meine Idee mit den Zahlen und entschied mich für die erste Möglichkeit, also für meine Sprache. Es war klar, das alle lachen würden; aber es war mir egal. Schließlich gefiel mir die neue Lehrerin und wenn sie mich nicht verstand, dann sollte sie wenigstens meine Stimme hören.

Die Klassenkameradinnen lachten nicht. Es war ganz still, als ich sagte, wie ich heiße und dass ich gerne alles verstehen würde.

Jedenfalls bekam ich, nachdem die neue Lehrerin mit meiner Mutter gesprochen hatte, von der Tante der Lehrerin Einzelunterricht in deutscher Sprache. Jeden Tag ging ich zu der alten Dame und lernte mit ihr Grammatik, Aussprache und Redefluss.

Bald kam ab und zu die eine oder andere Mitschülerin in der Pause zu mir und fragte mich etwas und immer öfter konnte ich antworten. Ich erreichte das Klassenziel und war in den Ferien überwiegend in der Bücherei. Die deutsche Sprache begann Spaß zu machen, bereitete mir immer weniger Schwierigkeiten und irgendwann stellte ich fest, dass ich auch in Deutsch dachte. Nicht mehr in Polnisch mit blitzschneller Übersetzung.

Als ich viele Jahre später vor einem Computer saß und erfuhr, dass die Computersprache nur aus Null und Eins bestünde, fragte ich mich: Wie verzweifelt musste der Erfinder gewesen sein, um so etwas Geniales zu erfinden?!

Christiane Schäfer

Und die Freiheit?

Eine unbeklebte Litfaßsäule sprach: „Endlich mal nackt sein. Davon träume ich schon mein ganzes Leben." An diesem Morgen war kein Plakatkleber mit Eimer und Pinsel und gefalteten Papierstücken über dem Arm erschienen.
Seit gestern Abend stand die Litfaßsäule völlig unbekleidet und zum ersten Mal wirklich glücklich an der Straßenecke. Gegen 19 Uhr ertönten in allen Stadtteilen die Feuerwehrsirenen und vermischten sich mit den Glockenklängen des nahe gelegenen Kirchturms. So als würde etwas Schreckliches verkündet und gleichzeitig eine neue Ära eingeläutet.

Dann wurden alle Schaufenster mit weißem Papier beklebt oder von innen mit weißen Stoffbahnen zugehängt. Sämtliche Werbewände an markanten Stellen in der Stadt wurden entblättert, so dass der weiße Untergrund zum Vorschein kam.
Auch die Litfaßsäule blieb nicht verschont. Ein Mann, bekleidet mit einer weißen Latzhose und einer weißen Kappe, trug große schwarze Plastikmüllsäcke in der Hand. Zuerst dachte die Litfaßsäule: „Nun kommt die männliche Clementine und verpasst mir rücklings ein neus Arielkleid." Aber der Mann brachte weder Eimer noch Kleister und Pinsel mit, sondern nur eine lange Leiter. Diese lehnte er an die Säule und begann sie Bahn für Bahn von oben nach unten aus ihrem mehrschichtigen Papierkleid zu befreien. So was hatte die Litfaßsäule noch nie erlebt und mit jeder Schicht die abgetragen wurde, fühlte sie sich freier. Natürlich warf sie ganz genau einen Blick auf die Papierfetzen und hing kurz alten Erinnerungen nach, wie dem Zigarette rauchenden Cowboy, der auf einem Pferd durch eine einsame Landschaft ritt, oder Aida, die vor einigen Jahren als Open-Air-Veranstaltung aufgeführt wurde, oder die Perlen im Sektglas, das eine schöne Frau in einem schwarzen Abendkleid in der Hand hielt, oder das Lächeln der jungen Frau, die auf dem Beifahrersitz eines Cabrios saß, das ein gut aussehender Mann über ein weitläufige Straße lenkte.

„Wie der Film meines Lebens, der plötzlich abläuft und mir alle meine Lebensstationen zeigt", sinnierte die Litfaßsäule, während der Mann die bunten Papierfetzen in die Müllsäcke stopfte. Inzwischen war sie etwas schlanker geworden und als der Mann die letzten Papierreste entfernte, stand sie ganz weiß und unbefangen da. „Das bin ich wirklich, völlig entblättert, unbedeckt, unbefleckt, von jeglicher Werbung befreit und echt." Das hatte sie sich immer gewünscht. Einfach nur dazustehen, rein, weiß und leuchtend in alle Richtungen.

Die Sirenen waren längst verstummt und die Glocken verklungen, da hörte sie in der Ferne eine Stimme aus einem Lautsprecher. Als das Auto näher kam, hatte sie auch den Sprecher verstehen können.

„Die heute erlassene Freiheitsverordnung erlaubt allen Werbeträgern sich freiwillig von Werbung zu befreien, um ihnen damit die Möglichkeit zu geben im eigenen Licht zu erscheinen."
Die Litfaßsäule hatte sofort eingewilligt.

Ursel Andorfer

Schwarz über die Grenze

Heute – in einem Europa ohne Grenzen – reisen wir in fremde Länder, ohne dass wir von Formalitäten an der Grenze aufgehalten werden. In meiner Kindheit war das noch ganz anders.

In den ersten Nachkriegsjahren lebte ich mit meiner Mutter in ihrem Heimatort Berchtesgaden. Wir hatten ein möbliertes Zimmer bei Tante Thilde. Im Jahr 1948 wurde ich eingeschult. Als ich die 2. Klasse Volksschule besuchte, brachte der Postbote eines Tages einen Brief mit einer ausländischen Marke. Neugierig drehte ich den Brief um. Es dauerte lange, bis ich die verschnörkelte Schrift entziffert hatte. Gottfried Andorfer, Sigmund-Haffner-Gasse 7, Salzburg. Darunter stand in großen Druckbuchstaben AUSTRIA.

Das muss ja unheimlich weit weg sein, dachte ich. Vielleicht ist das die Abkürzung für Australien ... Als meine Mutter abends aus der Arbeit kam, fragte sie: „Hat der Opa geschrieben?“
Ungeduldig riss sie den Briefumschlag auf und ließ sich auf einen Stuhl fallen: „Der Opa heiratet wieder; ach du meine Güte!“
Dann murmelte sie etwas von Trauung und Landesamt oder Standesamt. Plötzlich schlug sie sich an die Stirn:
„Das ist ja in drei Tagen. Gleich morgen werde ich beim Zollamt einen Passierschein besorgen.“
Verwundert hatte ich meiner Mutter zugehört. Aber bei dem Wort Passierschein fragte ich ängstlich: „Was passiert denn da?“
Meine Mutter lächelte: „Nix Schlimmes. Letztes Jahr zu Opas Geburtstag haben wir doch auch eine Genehmigung, also eine Erlaubnis, gebraucht, um mit dem Bus über die Grenze nach Salzburg zu fahren.“

Dann wurde ihre Stimme lebhaft: „Was ziehen wir denn zu Opas Hochzeit an? Passt dir eigentlich das ‚G’wand‘ noch, das er dir zu Weihnachten geschenkt hat?“
Das G’wand war aus dunkelbraunem Loden und bestand aus einem Rock und einer Joppe mit Hirschhornknöpfen. Das G’wand passte. Mir fehlten nur noch neue Haarschleifen.

Am Tag, an dem mein Großvater seine zweite Frau in Salzburg heiraten wollte, weckte mich meine Mutter in aller Herrgottsfrühe. Wir gingen zu Fuß durch den Markt, über den Schlossplatz, durch das Nonntal, bis zum Salzbergwerk. Schläfrig saß ich dann im Bus und schaute dem Wasser der Berchtesgadener Ache zu, wie es über große und kleine Steine sprang. Bald nickte ich wieder ein. Plötzlich gab es einen Ruck. Nach der Haltestelle Unterau fuhr der Bus nicht wie sonst geradeaus, sondern bog scharf nach rechts ab.
„Was ist los?" fragte ich und klammerte mich an den Arm meiner Mutter. Sie murmelte: „Wir fahren nach Oberau und dann erkläre ich dir alles."

Als wir an der Kirche ausstiegen, blies uns ein kalter Wind ins Gesicht. Meine Mutter holte die Thermoskanne aus dem Rucksack. „Trink einen Schluck Tee. Wir haben heute keinen Passierschein. Aber der Opa soll nicht umsonst auf uns warten. Wir gehen halt schwarz über die Grenz'."
Das klang aufregend. Ich trank noch einen Becher von dem schwarzen Tee. Und während wir zügig bergauf stiegen, kribbelte es in meinem Bauch. „Darf ich heute wieder mal einen Schwarzen, einen Mohren spielen? So wie damals, als ich bei den Sternsingern für den kranken Schorschi eingesprungen bin. Ich habe mir seine Krone und seinen Umhang geliehen und Schorschis Mutter hat mir das Gesicht angemalt – mit schwarzer Schuhcreme. Dann bin ich bei den Sternsingern mitgegangen. Und keiner hat gemerkt, dass ich der schwarze König Balthasar gewesen bin."

Beim Bergaufsteigen kamen wir allmählich ins Schwitzen. Mutti blieb am Gasthof Köpplschneid stehen.
„Schau, siagst das Grenzhäusl?" flüsterte sie. „Sei staat, damit uns de Grenzer net heern. Wir machen's wie d'Schmuggler, wenn's schwarz über d'Grenz genga."
Ich nickte. Meine Mutter ging voraus, ich schlich wie ein Indianer hinter ihr her. Erst schützten uns die Bäume neben dem Weg, dann duckten wir uns und schlichen an den niedrigen Hecken vorbei. Mir wurde ganz unheimlich, weil ich den Schlagbaum und das Grenzhäuschen nicht mehr sah. Irgendwann richtete sich meine Mutter auf, lief über die Wiese

und winkte mir mit der Hand. Sie deutete auf eine Kirche und ein paar Häuser.
„Das ist Dürrnberg. Wir sind schon auf der österreichischen Seite. Jetzt müssen wir nur noch nach Hallein runter und können mit dem Bus bis nach Salzburg fahren."
Nach dem Zwölfuhrläuten stieg ich endlich mit meiner Mutter am Residenzplatz in Salzburg aus; mit etlichen Pflastern an den Zehen, aber stolz wie der Wildschütz Jennerwein.

Gefeiert wurde Opas Hochzeit im Café Tomaselli. Weil dort seine neue Frau als Kaffeehausköchin arbeitete. Ich durfte mir ein Stück Torte aussuchen und wie die Großen einen „Verlängerten" trinken, ein Haferl Kaffee mit viel Milch. Danach war ich so müde, dass mich Traudl, meine neue Oma, ins Hinterzimmer mitnahm, wo ich mich auf der Eckbank zusammenrollte. Bevor ich einschlief, dachte ich noch:

„Ich bin ja gar nicht schwarz über die Grenze! Vielleicht hat Mutti keine schwarze Schuhcreme mehr gehabt!"

Anne E. Flierdl

Grenzenlos wichtig

Lebhaft ging es zu in der Konferenz der Satzzeichen. Einige der Zeichen diskutierten temperamentvoll und äußerst engagiert; andere äußerten sich eher pragmatisch. Der Punkt, als verantwortlicher Tagungsleiter, hatte Mühe, die Diskussion zu moderieren. Schließlich sollte Wichtiges nicht untergehen und Überflüssiges nicht breit ausgewalzt werden.

„Halten wir doch mal fest", sprach der Punkt, „wir alle bewegen uns deutlich in verschiedenen Kategorien. Es ist ein wesentlicher Unterschied, ob wir ein Punkt, ein Strich oder ein Zeichen sind. Es steht doch außer Zweifel", so der Punkt, „dass ich sehr wichtig bin; ich meine jetzt in meiner Funktion als Punkt."
„Hört, hört!" Der leise, wenn auch unüberhörbare Zwischenruf ließ den Punkt stutzig werden.
„Wenn ich etwas beende", bemerkte der Punkt, „ich meine, wenn ich einen Satz beende, dann ist er doch beendet. Punktum!"

Sofort meldete sich ein hochgewachsenes Etwas:
„Da bist doch du, mein lieber Punkt, keine Ausnahme. Im Gegenteil! Ein Satz, der mit mir, dem Ausrufezeichen, vollendet wird, hat doch viel mehr Gewicht!"

„Spiel dich nicht so auf", kam ein energischer Zwischenruf. Alle schauten in die Runde. Es war das Fragezeichen, das den Einwand brachte.
„Was willst du denn, du Ausrufezeichen, ohne Punkt unter dir bist du doch ein Nichts, ein einfacher Strich ohne Bedeutung. Jeder noch so geringe Wind kann dich aus der Fassung bringen, so dass man dich von einem Schrägstrich nicht mal mehr unterscheiden kann. Ohne den Punkt unter dir läufst du doch Gefahr, nahezu in der Bedeutungslosigkeit zu versinken."

„Gemach, gemach, meine Zeichen", es war der Punkt, der versuchte, die Wogen zu glätten.
„Aber ohne mich gibt es keinen Ausruf", betonte das Ausrufezeichen.
„Die Frage stellt sich doch andersherum", so das Fragezeichen.

„Wie viele Ausrufe gibt es denn heutzutage überhaupt noch?"
„Na und", konterte das Ausrufezeichen, „schau dich doch mal an. Die Menschen scheinen doch nichts mehr infrage zu stellen!"
„Weit gefehlt", rief das Fragezeichen, „die großen Fragen der Menschheit bestehen nach wie vor. Da beißt die Maus keinen Faden ab. Und mehr denn je ist dank meiner Hilfe so Vieles wirklich infrage gestellt."
„Ach du", erwiderte aufgeregt das Ausrufezeichen, „schau dich doch an, du musst dich ja biegen, sonst fändest du doch gar keine Verwendung."
„Das stimmt", war die ruhige Stimme des Fragezeichens vernehmbar, „in gewisser Weise bin ich so, wie die Asiaten den Bambus sehen: Biegbar, aber nicht verbogen, eben eine wahre Persönlichkeit!"

„Nun aber wieder zurück zu unseren eigentlichen Fragen, meine Zeichen", wieder war es der Punkt, der energisch versuchte, die Diskussion in die richtige Richtung zu leiten.
„In meiner Funktion als Punkt am Ende eines Satzes ist wirklich deutlich die Grenze erkennbar. Und Grenzen, meine Zeichen, Grenzen müssen doch sicher sein."
„Das ist schon richtig", wand die bisher nicht gehörte Stimme des Doppelpunktes ein, „aber Grenzen müssen in gewisser Weise auch überwindbar sein. Stellt euch nur mal vor, keine Grenze wäre passierbar, wie schrecklich! Die Folge wäre bei dieser totalen Abschottung doch, dass nichts raus und nichts rein kommen könnte. Sozusagen ein Schmoren im eigenen Saft. Passierbare Grenzen können doch auch interessantes Neues bringen, eben Erkenntnisse, Austausch, ganz sicher auch eine wesentliche Bereicherung unseres Denkens. Wenn ich in diesem Zusammenhang auch einmal auf meine Funktion als Zeichen kommen darf: Wo immer ich als Doppelpunkt in Erscheinung trete, folgt doch auch Weiteres, etwas, das besonders hervorgehoben werden soll. In gewisser Weise öffne ich dann eine Grenze und bringe folgerichtig etwas Wichtiges, das bereichernd wirkt."

Nun meldete sich der Strichpunkt zu Wort:
„An dieser Stelle möchte ich darauf aufmerksam machen, dass es sich in meinem Fall ähnlich verhält wie beim Doppelpunkt. Wenn ich also, wie schon gesagt, in Erscheinung trete, ergänze ich auch den vorherigen Satz mit einem weiteren. Also habe ich auch eine Art grenzüberschreitende Funktion, nur nicht ganz so wichtig, wie vielleicht du, werter

Doppelpunkt. Wenn ich schon dabei bin, meine Funktion als Interpunktionszeichen zu erklären, möchte ich hier und heute auch noch auf meinen zweiten Namen aufmerksam machen, wenn ich darf", sprach der Strichpunkt, diesmal zum Punkt gewandt, der von seinem Platz am Kopfende der Versammlung zuhörte.

Nachdem von dort kopfnickend ein wohlwollendes: „ Ja, bitte!" kam, fuhr der Strichpunkt fort:
„Mein zweiter Name ist, wie ihr alle wisst, ‚Semikolon' und – wie ich schon ausführte – bin ich für die Gliederung von Satzperioden zuständig."

„Wenn du schon dabei bist", unterbrach ihn der Punkt, „dann kannst du uns bei der Gelegenheit auch gleich erklären, woher dein Name ‚Semikolon' eigentlich kommt."

„Natürlich, gern", so weiter der Strichpunkt, „ ‚Semi' ist das aus dem Lateinischen stammende Bestimmungswort von Zusammensetzungen mit der Bedeutung ‚halb', wie beispielsweise in ‚Semifinale' für ‚Halbfinale'. Die zweite Hälfte von ‚Semikolon', also ‚kolon', kommt aus dem Griechischen, was im übertragenen Sinn bedeutet: ‚Teil einer weiteren Satzperiode' – um es sprachwissenschaftlich korrekt auszudrücken."

An dieser Stelle holte der Strichpunkt erst einmal tief Luft, und – den Rücken durchstreckend – ergänzte er selbstbewusst: „Übrigens gibt es mich schon seit dem 15. Jahrhundert; falls ihr das noch nicht gewusst habt."

„Ja, somit bist doch du, mein lieber Strichpunkt, sicherlich das älteste Interpunktionszeichen, soweit dies überhaupt bekannt ist", fügte der Punkt hinzu.
„Aber zu diesem Punkt der Tagesordnung", an dieser Stelle grinste der Punkt in sich hinein und murmelte leise: „Schon wieder ein Punkt, wie vielseitig ich doch bin", dann fuhr er laut fort: „Zu diesem Punkt der Tagesordnung, nämlich der Historie, kommen wir später noch." Er blickte in die Runde und meinte: „Jetzt lassen wir doch erst einmal das Komma zu Worte kommen. Das sind wir ihm doch schuldig, denn – und

mit dieser Meinung stehe ich sicher nicht allein da – bei der letzten Rechtschreibreform hat es schon genug gelitten."

„Ja, danke für die einführenden Worte", meinte das Komma; räusperte sich, streckte den Rücken durch und redete weiter: „Erklärtermaßen hat mir die neue Rechtschreibung offenbar mehr Bedeutung übertragen."

„Mehr Bedeutung?" kam es fragend vom Punkt, „woran machst Du das denn fest?"
„Ich mache gar nichts fest, das wollen wir doch mal festhalten" entgegnete ärgerlich das Komma. Betont langsam und mit deutlicher Stimme setzte es erneut zur Rede an:
„Wie ihr alle wisst, lag meine Aufgabe immer schon darin, innerhalb eines Ganzsatzes bestimmte Wörter, Wortgruppen oder Teilsätze voneinander oder vom übrigen Text des Satzes abzugrenzen."
Dann holte es tief Luft, um sich für seine weitere Rede zu stärken: „Zwar setze ich in meiner Funktion als Komma eine gewisse Grenze; aber immerhin eine, die leicht überwindbar ist, was im übrigen auch meiner Einstellung zu Grenzen entspricht. Ich bin sozusagen eine Art Zaun, allerdings ein ganz niedriger. Die werten Lesenden können also gleich erkennen, dass jenseits des kleinen Zaunes Weiteres, meist sehr Interessantes folgt."

„Ja", war an dieser Stelle der Punkt vernehmbar, „das mit dem Zaun ist wieder mal herrlich metaphorisch ausgedrückt. Man könnte direkt eine andere Sicht auf die Grenzen bekommen. Eine wichtige Frage habe ich allerdings noch: Du sprachst von den Lesenden. Wie geht es denn den Schreibenden neuerdings mit dir?"

„Die Schreibenden? Die Schreibenden tun mir manchmal wirklich leid", so das Komma. „Stellt euch nur einmal vor, im alten Duden füllte die Erklärung über meine differenzierten Anwendungen schon 9 ¼ Seiten. Jetzt, im neuen Duden, sind es sage und schreibe 13 Seiten! Ob das noch kundenfreundlich ist, wage ich zu bezweifeln. Ursprünglich war die Idee des hohen Rates, die Interpretationen über meine Aufgaben einfacher, oder, wie es heutzutage so schön heißt, anwenderfreundlich zu gestalten. Was daraus geworden ist? Na ja, am besten, ihr lest es selbst nach. Die Folge davon ist natürlich, dass sich immer weniger Schreibende mit der

Theorie der Kommasetzung beschäftigen, das heißt, sich zwangsläufig damit beschäftigen müssen. Und diese Wenigen sind mehr geworden! Früher wurde es mir immer schon ganz flau, wenn ich mich an Plätzen vorfand, an denen ich überhaupt nichts zu suchen hatte. Könnt ihr euch das Gefühl vorstellen, deplaciert zu sein? Andere Plätze wiederum hielten händeringend Ausschau nach mir. In letzter Zeit wurden diese Fälle jedoch nicht weniger; sie haben eher noch zugenommen. Sicher, ich sehe ein, dass niemand von uns eine Eier legende Wollmilchsau sein – äh, äh – ich meine, alle Wünsche erfüllen kann; aber, was meine Anwendung betrifft, meine Anwendung ist neuerdings mehr denn je von einer wirklich präzisen Unschärfe."

„Jetzt mach' aber mal einen Punkt!" Warf der Punkt ein.

Empörten Blickes holte das Komma tief Luft und setzte zum erneuten Redeschwall an: „Wenn man bedenkt, dass ich seit dem 17. Jahrhundert existiere, dann ist es schon mehr als gewöhnungsbedürftig, was mit mir so alles passiert. Sicher gibt es sprachwissenschaftliche Grundsätze, die alles erklären; aber wie es mit vielem ist, so gäbe es auch für meine Anwendung zunächst einmal eine ganz einfache Erklärung."

„So, worin besteht denn deiner Ansicht nach diese einfache Erklärung?" hakte der Punkt ein.

„Die einfache Erklärung meinerseits würde in einer mehr als simplen Empfehlung an die Schreibenden lauten:

‚Lest eure Texte laut, langsam und deutlich, und wo immer ihr meint, Luft holen zu müssen, ist ein Komma fällig. Erst mal kurz schnaufen hilft, jedenfalls in den meisten Fällen!'
Das wäre meine vereinfachte Formel zu einer kundenfreundlichen Gebrauchsanweisung."

„Ja", so der Punkt, „das waren wieder mal deutliche Worte unseres Kommas, das immer schon mit dem ungewissen Schicksal behaftet war, falsch eingesetzt zu werden. Und da auch das Komma bereits seine Historie genannt hat, möchte ich dies noch im Falle des Ausrufezeichens und des Fragezeichens nachholen. Beide stammen aus dem 16. Jahrhundert. Somit können wir uns später den extra dafür vorgesehenen Punkt der Tagesordnung sparen."

„Und mich gibt's seit dem 18. Jahrhundert", fuhr der Doppelpunkt dazwischen.

Sichtlich um Disziplin bemüht fuhr der Punkt fort:
„Aus der Familie der Punkte habe ich hier noch eine Wortmeldung und zwar ..."
„Ja, hier, das sind wir, die Auslassungspunkte!"

Der Punkt, genervt: „Wir, was heißt hier wir?"
„Wir, die Auslassungspunkte, sind immer zu Dritt, also ein Trio. Seit wann es uns gibt, ist eigentlich nicht bekannt; aber wir vergleichen uns gern mit dem Triumvirat in der römischen Antike, also jener Dreierkommission, die für die Erledigung bestimmter Staatsgeschäfte verantwortlich war. Wir stehen sozusagen dafür gerade, wenn etwas ausgelassen wurde, sei es ein Wort oder mehrere. Unsere vornehmste Aufgabe besteht allerdings darin, Unausgesprochenes bzw. Unausgeschriebenes durch uns, die drei Auslassungspunkte, diskret anzudeuten. An diesen Stellen lassen wir somit ein individuelles Denken zu, eine Freiheit, die sonst doch niemand bietet, nicht einmal der Gedankenstrich."

Da funkte aber der Gedankenstrich dazwischen: „Das ist ja auch nicht meine Aufgabe! Meine Aufgabe sehe ich eher darin, an das Innehalten zu erinnern, wenn ich erscheine. Sicher wussten die Menschen zu der Zeit als ich kreiert wurde, nämlich in der 2. Hälfte des 17. Jahrhunderts, noch mehr um die Kunst des Innehaltens. Auch in der modernen Welt kann ein kurzes Innehalten doch etwas sehr Schönes sein, kann Auftanken, Besinnung, Bereicherung bedeuten."

„Amen!" Flüsterte es von irgendwoher.
Unbeirrt fuhr der Gedankenstrich fort: „Außerdem möchte ich noch darin erinnern, dass ich auch paarig eingesetzt werden kann, das heißt, ich grenze Zusätze oder Nachträge deutlich vom übrigen Text ab."

„Paarig, wie geht das denn?", fragte der Punkt.

„Ganz einfach: Gedankenstrich – Zusatz – Gedankenstrich; also vor und hinter dem Zusatz ein Gedankenstrich und somit zwei Gedankenstriche, also ein Paar."

„Ach, so", meinte der Punkt. „Wenn ich mich recht entsinne, haben die Klammern ja eine ähnliche Funktion. Wo sind sie denn, die Klammern?"

„Hier, hier" räuspernd meldeten sich die Klammern.
„Im Grunde stimmt das so. Zu erwähnen wäre vielleicht noch, dass in unseren Klammern (Klammer auf, Klammer zu) oft auch Interpretationen des vorher Gesagten stehen. Wir Klammern allerdings, wir nehmen uns nicht gar so wichtig, obwohl es uns schon seit dem 15. Jahrhundert gibt. Denn wir wissen, dass es auch möglich ist, uns durch Gedankenstriche oder Kommata zu ersetzen."

„Also, jetzt, meine Zeichen, die Zeit drängt, wen haben wir denn noch aus der Familie der Striche?" Wieder war es der Punkt, der allmählich zur Eile drängte. Zwei Hände gingen hoch. „Ach ja, der Schrägstrich und der Bindestrich. Also, wer möchte zuerst?"

„Ja, dann fang' ich mal an", tönte der Schrägstrich. „Also erstens werde ich zur Angabe von Größen- oder Zahlenverhältnissen gebraucht, beispielsweise 50.000 Einwohner Schrägstrich qkm. In diesem Fall bedeutet das 50.000 Einwohner pro qkm."
„So ein Angeber", zischte es, das gibt es doch höchstens in Shanghai; aber doch nicht hier bei uns."

„Bitte, meine Zeichen", reagierte ärgerlich der Punkt. „Bleiben Sie sachlich!"

„Meine übrigen zwei Funktionen dürften allgemein bekannt sein. Zum einen ist es das Trennen von Wörtern wie Ich/Wir, oder Zahlen wie 1870/71 und zum anderen die Gliederung von Akten- oder auch Diktatzeichen. Mehr gibt es dazu nicht zu sagen."

„Kurz und bündig, so soll es sein“, meinte der Punkt, während er nervös auf seine Uhr sah. „Wen haben wir noch? Ach ja, den Bindestrich. Also bitte und mach` es kurz.“

Der Bindestrich, leicht eingeschnappt: „Ich verbinde!“
„Geht vielleicht auch etwas mehr?“, fragte der Punkt.
„Ich verbinde, hebe hervor, helfe bei Aneinanderreihungen etc., etc. Details bitte ich dem neuesten Duden zu entnehmen, da werden die Regeln zu meinen Anwendungen auf vier Seiten breitgetreten.“

Endlich einer, der nicht so lange dummes Zeug schwafelt, dachte sich der Punkt, der schon wieder nervös auf seine Uhr schaute, ohne dass er die Zeit wirklich wahr nahm.

„Ich möchte aber auch hier angeführt werden“, ließ sich das Anführungszeichen vernehmen.
„Ha, ha, die ‚Gänsefüßchen' sind dran", funkte das Unterführungszeichen dazwischen.

„Was willst du denn? Du Unterführungszeichen! Du hast doch lediglich eine Art Tunnelfunktion. Außerdem kommst du ja heutzutage immer weniger vor, da man dich immer mehr durch das Wort ‚dito' ersetzt, falls auch das überhaupt noch benutzt wird. Demnächst kannst du dich in der Zeitung in der Spalte OUT wiederfinden. Ich dagegen bin immer noch IN. Dafür sprechen doch die drei Seiten, die ich im neuesten Duden belege.“
Dann fuhr das Anführungszeichen etwas süffisant fort: „In dem Zusammenhang möchte ich daran erinnern, dass ich ähnlich der Praline doch bei vielen Textteilen die wunderbare, direkt anziehende Verpackung bilde. Übrigens gilt das auch für den Fall, dass ich als sogenanntes ‚Halbes Anführungszeichen' in Erscheinung trete. Meine schlanke, einfache Form hat aber genau soviel Gewicht, denn sie hebt noch einmal Begriffe, wie bei Goethe's ‚Faust' besonders hervor.“ „Jetzt wird auch noch Goethe bemüht“, tönt es von irgendwo her.

„Bitte, bitte, meine Zeichen“, es war die ärgerliche Stimme des Punktes. „Jetzt habt euch doch nicht so! Jeder von uns hat doch seine Aufgabe. Das dürfte doch inzwischen allen klar geworden sein!“

„Das ist doch der springende Punkt“, so das Unterführungszeichen. „Im übrigen fragt es sich, wie lange du als Anführungszeichen noch in Mode bist. Wir wissen doch alle, dass Sprache etwas sehr Lebendiges ist, das sich fortwährend entwickelt. Die Folge davon ist, dass wir einfach alle mit Veränderungen rechnen müssen. Denken wir nur mal an die große Modifizierung der Interpunktion, die im 20. Jahrhundert stattfand. Und modifizieren bedeutet ja bekanntlich ‚einschränken, abändern, abwandeln'.“

„Gut, dann dürfte dieser Punkt auch klar sein“, so der Punkt. „Wir wissen um die Veränderungen, die möglich sind. Denkt nur mal an das laute Getöse der letzten Rechtschreibreform. Dazu kann man doch ironischer weise nur sagen:

Gestern standen wir noch am Abgrund,
heute sind wir schon einen Schritt weiter.“

Ha, ha, ha – lautes Lachen war das Echo auf das ungewollte Bonmot des Punktes.

Meistens merkt man ja, dass der Punkt aus dem Lateinischen kommt als ‚gestochenes, eingestochenes Zeichen', aber dieser Ausspruch war doch alles andere als eine gestochen deutliche Formulierung dachte sich das Apostroph. Doch seine Gedanken wurden gleich wieder durch eine neue Situation unterbrochen.

„So, meine Zeichen, bevor wir jetzt langsam zum Schluss unserer heutigen Tagung kommen, möchte ich noch das Apostroph zu Wort kommen lassen.“

„Na ja, ob das so wichtig ist?“ War von irgendwoher zu vernehmen.

Nun war es an dem Apostroph, die Gedanken zu äußern, die es die ganze Zeit in der ihm eigenen, bescheidenen Art zurückgehalten hatte. „In einem Punkt ist das sicher richtig“, meinte das Apostroph, „so wichtig, wie sich einige hier nehmen, für so wichtig halte ich mich nicht! Aber vielleicht sollte ich doch einiges zu mir und meiner Funktion sagen. Wie ihr alle wisst, bin ich das oder auch der Apostroph. Im Deutschen werde ich auch ‚Auslassungszeichen' oder – etwas volkstümlicher – ‚Häkchen' genannt. Mit mir kann man den Ausfall eines Lautes, also eines Buchstabens oder auch einer Silbe kennzeichnen. Darin unterscheide ich mich auch von meinen Verwandten aus dem Französischen."

„Verwandte im Französischen, wer soll denn das sein?" fragte der Punkt.

„Nun, das sind drei", meinte das Apostroph, während es zum Flip-Chart-Ständer ging, „und zum besseren Verständnis will ich die drei hier mal kurz zeigen:

Accent aigu = `
Accent grave = ´
Accent circonflexe = ^

Die drei sind lateinisch-französischer Herkunft und fungieren als reine Betonungszeichen. Im Gegensatz dazu bin ich, wie schon gesagt, ein Auslassungszeichen. Die Details zu meiner Funktion sind im neuesten Duden nachzulesen, zwei Seiten übrigens."

Bevor das Apostroph an seinen Platz am Konferenztisch zurückgekehrt war, mokierte sich schon das Anführungszeichen: „Was willst du denn überhaupt, du hast doch gar keine richtige Satzzeichenfunktion!"
Gelassen erwiderte das Apostroph: „Dafür habe ich aber eine Funktion, die niemand von euch hat; ich vertrete einen Buchstaben oder sogar ganze Silben. Ihr seid doch nur schmückendes Beiwerk."

„Na, na!" ertönten empörte Zwischenrufe.

Jetzt wurde der Punkt ärgerlich und mischte sich lautstark ein: „Gut, ihr hebt die Betonung, gebt den Worten zusätzliche Bedeutung, helft die schöne deutsche Sprache zu prägen. Aber sollten wir alle nicht einmal überlegen, was wir ohne die Wörter wären? Wir wären doch lauter Nullen, ach, was sage ich, mehr als flüssig, nämlich überflüssig!" Seine Stimme überschlug sich fast, so hatte er sich in Rage geredet.

„Worte, nichts als Worte!", zischte es von irgendwoher.

„Apropos Worte", nahm das Apostroph den Zwischenruf auf, „von den Wörtern wurde ich damit betraut, sie – die Wörter – hier zu vertreten. Und es ist sicher an der Zeit, im heutigen Getümmel des so großen Wichtignehmens daran zu erinnern, dass ohne die Wörter bei uns gar nichts läuft und auch gar nichts laufen würde; da können wir noch so viele Zeichen setzen, wie wir wollen."

„Nichts als heiße Luft!", ertönte es.

„Nein, meine Zeichen, in diesem Fall hat das Apostroph schon recht", funkte der Punkt dazwischen, der sichtlich um Disziplin bemüht war. „Und ich bitte auch zu bedenken, dass wir mit unserer Tagung doch auch ein Zeichen setzen wollen! Ich weiß, im allgemeinen setzen wir zwar ununterbrochen Zeichen; aber im besonderen muss uns auch immer wieder bewusst sein, dass wir ohne die Wörter keinen Platz in der Sprache hätten. Unsere Wichtigkeit wäre ohne die Wörter ja nun wirklich ad absurdum geführt!"

Der Punkt schnaufte, sichtlich um Fassung bemüht.

Dezent meldete sich noch einmal das Apostroph zu Worte: „Apropos Wichtigkeit, vielleicht erinnern sich einige von euch an den Ausspruch eines Mannes, der – verbunden mit seinem Namen – einfach meinte:

‚Nimm dich nicht so wichtig'!

Das war doch wirklich mehr als bemerkenswert!"

„Ach", so der Punkt, „meinst du den Polen mit den zwei Namen, der als der II. den Stuhl innehatte?"

„Nein, ich meine einen seiner Vorgänger, der seines Namens der XXIII. war", erwiderte das Apostroph.

Nachdenkliches Kopfnicken allerseits.

„So, meine Zeichen", ließ sich der Punkt abschließend vernehmen, während seine Stimme fast schon ein wenig salbungsvoll klang, „das wäre es wieder einmal für heute. Lassen Sie mich noch ein kurzes Fazit ziehen:

Wir sind uns zwar unserer Wurzeln bewusst; aber wir tun gut daran, auch Entwicklung zuzulassen. Fortschritt hatte bei uns schon immer

Tradition! Schließlich ist es wichtig, rechtzeitig die Zeichen der Zeit zu erkennen und sich der sprachlichen Entwicklung anzupassen.

Und eines steht doch fest:
Ohne Wörter kein Text und ohne Text keine Zeichen!
Schließlich kreieren die Schreibenden mit den Wörtern den Text, egal ob prosaisch oder auch poetisch. Die Wörter haben darin die tragende Rolle. Wir, die Zeichen, fungieren als Assistenten und zwar ausschließlich entsprechend unserer jeweiligen individuellen Aufgabe. Gemeinsam mit den Wörtern verleihen wir auf diese Art und Weise der schönen deutschen Sprache Ausdruck und Bedeutung. Dies wird auch weiterhin unsere vornehmste Aufgabe sein, denn nur so entsteht ein harmonisches Ganzes!"

Rita Veras

Wer Mauern einreißt, kann sich wehren!

Gedenktage – sollen zum Nachdenken anregen. Dafür wurden sie geschaffen. Wir sollen uns daran erinnern, was an diesem Tag geschah. Auch wenn man das Datum verschiebt, das Geschehen bleibt. Es ist passiert – die Reichskristallnacht am 9.11.1938 – der Mauerfall am 9.11.1989. Trauer und Freude!
Wir erinnern daran – Verwüstung, brennende Synagogen und Bücher, Rundfunk und Zeitung berichteten. Menschen weinten vor Schmerz. Unendlich. Beginn. Wir erinnern daran – die Mauer brach, Medien berichteten, Menschen weinten vor Freude. Endlich. Ende.

Stolpersteine zur Erinnerung. Wollen wir darüber stolpern? Ja – ja und nein! Wer will erinnert werden an menschliche Grausamkeit, wer will erinnert werden an seine Ohnmacht, an gelähmte Gegenwehr? Auf jüdische Grabstätten soll man nicht treten. Nur – Stolpersteine, die den Namen eines ermordeten Menschen tragen sind keine Grabsteine, sind Gedenksteine, die unseren Blick nach unten zwingen. Wer will, denkt über das WARUM nach. Wer will, denkt NIE WIEDER, und all die Anderen treten leichten Schrittes darauf, und darüber hinweg. Treten wir auf einen Stein mit Namen, kann dies auch symbolisch Nachdruck verleihen.

Wir sind angekommen in einer Zeit, in der wir achtgeben müssen; es lohnt sich aufzupassen, nicht zuzulassen, wenn es brennt. Wer hören will, kann hören, wer sehen will, sieht heute bereits wieder, wie sich braune Gesinnungsgenossen zusammenfinden und mit Hetzparolen marschieren.

Der Mauerfall beweist, dass Menschen zusammen stark sein können, wer Mauern einreißt kann sich wehren – jetzt. Stolpern ist nicht schlimm! Man kann hinfallen und wieder aufstehen.
Gerade stehen, sich erinnern, daran denken was geschah – damals 1938 und 1989.

Nein, niemals wieder zulassen, wie damals 1938!
Ja, immer wieder dagegen angehen, wie einst 1989!

Anne E. Flierdl

Revoltieren

Der Tag hatte sich geneigt und das sanfte Licht des Mondes fiel auf die Fensterbank. Es machte mir große Mühe, bei meinem Schreiben etwas zu erkennen. Die Entscheidung, wann ich meine Schularbeiten machen würde, war mir freigestellt worden. Jetzt wurde es allerdings höchste Zeit, denn allein der Gedanke, ohne die Aufgaben in die Schule zu kommen, bereitete mir großes Unbehagen. An diesem Tag hatte ich meine Arbeit bis zum Abend hinausgeschoben.

Als ich dann beginnen wollte, fiel im gesamten Gebiet der Strom aus. Meine freie Entscheidung war von Unwägbarem durchkreuzt worden. Das Licht ging erst wieder an, als ich mit meiner Arbeit fertig war. Von diesem Tag an war ich geheilt. Aufschieben gab es nicht mehr. Meine Mutter nahm es amüsiert zur Kenntnis.

Ein kleines **Revolutiönchen** endete in einem ungeahnten Versuch.

1968 war ich bereits 30 Jahre alt und befand mich in einem meiner ersten Jobs in einer bedeutenden, internationalen Firma der Computerbranche. Es gab viel Arbeit und schon zu der Zeit so manche Überstunde. Die Freizeit konzentrierte sich meistens auf das Wochenende.

Die Studentenrevolten der **Achtundsechziger** waren in vollem Gange. Bei so manchem Auflauf war eigentlich oft nicht so ganz klar, wer weswegen revoltierte.

Mein jüngerer Bruder, der damals auch in München lebte, hatte mir von seinen abendlichen Schwabinger Erlebnissen erzählt. Einmal war er in eine Gruppe geraten, die von den Ordnungshütern verfolgt wurde. Er flüchtete in das Treppenhaus eines Schwabinger Altbaus und versteckte sich längere Zeit auf dem Dachboden.

Grundsätzlich interessierten mich diese Schwabinger Demonstrationen und ich hatte mir vorgenommen, mir das am Wochenende auch einmal anzuschauen. Natürlich abends, wenn ich auch mit meiner Arbeit daheim fertig wäre.

Der Freitag näherte sich und ich hatte mich innerlich schon darauf eingestellt, den Demonstrationen zuzuschauen. Mittags im Büro kam mein damaliger Manager zu mir und fragte mich prophylaktisch, was ich denn am Samstag so vorhätte. Nach seiner rein rhetorischen Frage wartete er erst gar keine Antwort ab, sondern „verdonnerte" mich gleich dazu, wegen einer dringenden Projektarbeit am Samstag ins Büro zu kommen.

Also wurde nicht einmal etwas aus dem Anschauen der **Revoluzzer.**

Bei einem späteren Job mit mehr Verantwortung und Unterschriftsvollmacht in einer anderen Firma war ich wieder einmal mit neuen Aspekten konfrontiert. Es ärgerte mich, dass ich in den Briefen der Geschäftspartner immer wieder mit „Sehr geehrter Herr..." angeschrieben wurde. Einzig bei Telefonaten passierte mir diese Verwechselung nicht.

Eigentlich konnte ich den Geschäftspartnern nicht böse sein, dass sie meinten, einem Herrn zu antworten. War doch bei meiner Unterschrift auf den Briefen auf der gedruckten Zeile mein Vorname nur mit dem A. abgekürzt. Wie konnten die Adressaten ahnen, dass dieses A für ‚Anne' stand und nicht für die Abkürzung irgend eines mit A beginnenden männlichen Vornamens?

Ich sann auf Abhilfe. Eines Tages schlug ich meinem Manager vor, bei der ausgedruckten Wiederholung meiner Unterschrift meinen Vornamen auszuschreiben. Dadurch wäre die Verwechselung ein für alle mal aus der Welt geräumt. Seine Reaktion war von heftigen Protesten begleitet. Nein, das wäre überhaupt nicht üblich und das käme auf gar keinen Fall infrage. Womit ich nicht gerechnet hatte, war, dass ihm mein Vorschlag schier unmöglich erschien. Damals war die Zeit noch nicht reif für eine solche Lösung, zumal in einer von Herren dominierten Automobilindustrie!
Mein Anliegen vergaß ich jedoch nicht, denn immer wieder wurde ich mit dem Ärgernis der Verwechselung konfrontiert. Es kam die Zeit des

Managerwechsels und ich bemerkte ziemlich erstaunt, dass der neue Manager sich immer wieder amüsierte, wenn ich am Telefon die Verwechselung aufklärte. Für mich war die Zeit gekommen, erneut meinen Vorschlag mit dem ausgeschriebenen Vornamen bei meiner Unterschrift zu unterbreiten. Und – oh Staunen – dieser Vorschlag wurde sofort positiv aufgenommen. Ab dem Tag war unter meinen Briefen bei der Unterschriftszeile nicht mehr nur das abgekürzte ‚A' zu lesen, sondern mein ausgeschriebener Vorname ‚Anne'.

In einem zweiten Anlauf, begünstigt durch den Managerwechsel, war meine **kleine Revolte** doch noch erfolgreich!

Inzwischen bin ich eine echte **Achtundsechzigerin**; aber nur noch dieses Jahr, denn im nächsten werde ich Neunundsechzig!

Christiane Schäfer

Die Sechziger

„Bei Leo sind schon wieder neue Leute eingezogen", erzählt der Vater. „In diesem alten Haus wohnen nur unverheiratete Leute, aber Kinder haben sie trotzdem. Da muss jeder mal kochen, waschen und Kinder versorgen, Männer wie Frauen. Und auch die Zimmertüren sollen immer offen stehen, so dass Hinz und Kunz in jedes Zimmer geht. Die stellen die ganze Ordnung auf den Kopf mit dieser Kommune."

„Du könntest dich auch mal mehr um die Kinder kümmern. Und von Waschen und Kochen hast du keinen blassen Schimmer", erwidert die Mutter, die mit ihren weiß bemehlten Händen einen Klumpen Teig bearbeitet. Auf dem Tisch liegt Dr. Oetker's Schulkochbuch und auf einer der wenigen Abbildungen sieht man wie Frauenhände, mit einem Ehering an der rechten Hand, Figuren aus dem ausgewalzten Mürbeteig ausstechen.

Die Mutter blickt ab und zu auf das Rezept, während der Vater im Sessel sitzend eine Zeitung liest. „Mit den langen Haaren und dem Vollbart sieht der aus wie sein eigener Großvater. Solche Leute studieren ewig und leben dabei auf Kosten des Staates. Früher hatte er einen anständigen Beruf als Laborant. Doch dann kam der Lehrermangel und da haben sich viele gesagt, ‚wozu soll ich denn arbeiten, wenn der Staat mir das Studium bezahlt'."

Im Fernsehen läuft Werbung. Persil von Henkel. Die auf der Waschmaschinenschachtel abgebildete Frau streckt begeistert den rechten Arm nach oben. Aber alles leider nur in Schwarz-Weiß. Erst seit kurzem steht in der Waschküche die bunte 2,5 kg Persil-Packung mit weißem Plastiktragegriff direkt neben der neuen Miele-Waschmaschine.

„Ich erinnere mich noch was du letztes Jahr erzählt hast, als ihm seine Mutter teure Irisette-Bettwäsche mitgegeben hat, damit er ein vernünftiges Bett hat. Und als sie später zu Besuch kam, fand sie die Bettwäsche auf einem anderen Bett. Die hatte wohl die Frau mitgenommen, mit der Leo mal zusammenlebte. Aber die hauste dann mit einem neuen Kerl zusammen in einem anderen Zimmer. Und weil es dreckig war und nichts Vernünftiges zum Essen auf den Tisch kam, hat die Mutter erstmal alle Zimmer geputzt und dann für die Leute gewaschen, gebügelt und gekocht. Und die haben sich nicht mal bedankt. Zustände sind das." Die Mutter wickelt den zu einer großen Kugel geformten Teig in ein Stück Butterbrotpapier und legt ihn in die kühle Speisekammer.

„Die Kinder dürfen alles machen. Sogar kochen und auch die Wände bemalen. So ein Gemüse. Da geht alles durcheinander", regt sich der Vater auf.

Als die Mutter ihre Hände mit Kernseife gewaschen und an einem dunkelblau gemusterten Handtuch abgetrocknet hat, entdeckt sie in der aufgeschlagenen Zeitung Bilder von hysterisch schreienden jungen Mädchen beim Auftritt der Beatles. „Was soll da bloß dran sein an diesen Pilzköpfen, dass die Mädchen reihenweise in Ohnmacht fallen? Da höre ich doch lieber Lys Assia wenn sie ‚Oh, mein Papa' singt."

Der Vater reagiert fast mit Empörung: „Gut, dass es bei uns im Dorf noch keine Hippies gibt. Die ziehen diese blauen Hosen an, laufen ohne Strümpfe rum und haschen."

Aus der Schublade des Küchentisches nimmt die Mutter eine grün-gelbe Dose Atrix-Handcreme und cremt sich mit der weißlichen schnell einziehenden Masse ihre rauen Hände ein. „Neulich habe ich gehört, dass sich Mädchen mit der angezogenen Jeans in die Badewanne mit kaltem Wasser legen. Die Hose dann mit Scheuerpulver abbürsten, damit sie eng wird und die Farbe verliert. Mit Ata geht es angeblich am besten."

Vor dem Haus bremst ruckartig ein roter VW-Käfer. Ein groß gewachsener Mann, bepackt mit mehreren Taschen, steigt aus und läutet.

„Das ist er. Endlich."

Die beiden Kinder stürmen aus ihrem Zimmer. Am Morgen wurde ihnen der Pony geschnitten. Mit beiden Händen mussten sie ein ausgebreitetes

Handtuch halten, dann kam die Schere, hinterließ eine gerade Linie und mindestens einen Zacken.

Blitzschnell stellen sie sich der Größe nach an der Wand auf, unter dem silbernen Ofenrohr, das sich durch das Wohnzimmer zieht. Der Fotograf schlägt mit dem Zeigefinger an die auf dem Stativ befestigte Kamera: „Muss man den alten Vogel doch erst mal an den Kopp hauen."

Ursel Andorfer

Immer wieder montags

Für mich ist Montag der Tag, an dem ich mich besonders frei fühle, obwohl ich nicht den Beruf einer Friseurin ausübe. Woher kommt das? Vielleicht hängt es damit zusammen, dass ich das Gefühl habe, meine Hausfrauenpflichten am Wochenende zur Zufriedenheit aller erfüllt zu haben. Mit hängender Zunge habe ich die Samstagseinkäufe überstanden, der Kühlschrank ist geplündert, die Familienbesuche sind über mich hinweggebraust, das Getrappel der kleinen Enkelkinderfüßchen ist verklungen, die Telefonitis der „Großen" ist vorübergerauscht.

Jetzt, am Montagmorgen, hat der Göttergatte das Haus verlassen, um sich wieder den Erfordernissen des Arbeitslebens zu stellen. Ich schalte das Radio ein, drehe den Chopin-Walzer voll auf, höre um halb neun die Mozart–Briefe, gelesen von Klaus Maria Brandauer, lege die Beine hoch und atme tief durch. Was fange ich mit diesem herrlichen Gefühl der Freiheit an? Die Woche liegt noch vor mir, welche Möglichkeiten bietet sie mir? Ich schaue aus dem Fenster. Wenn es draußen schneit, kann ich mich beim Schneeschippen austoben. Scheint die Sonne, kann ich zur S-Bahn gehen und mir überlegen, ob ich zum Starnberger See oder nach München zu einem Einkaufsbummel fahren will. Oder will ich lieber das Buch mit dem Titel „Du bist nicht so wie andere Mütter" von Angelika Schrobsdorff zu Ende lesen? Das Gefühl, frei über meine Zeit verfügen zu können, ist unbeschreiblich. Zwei Tage, Samstag und Sonntag, habe ich mich ständig darum bemüht, es allen recht zu machen. Besonders meinem Herrn und Gebieter, mit dem ich mich nur gestikulierend verständigen kann, solange er die Hörgeräte statt hinter den Ohren auf dem Tisch neben der Zeitung liegen hat.

Am Montagvormittag sagt keiner zu mir: „Schrei doch nicht so." Keiner fragt mich, wo die Bauklötze sind. Keiner will, dass ich aus dem Bilderbuch vorlese. Ich muss mich nicht in der Kunst des stundenlangen Zuhörens üben, wenn mein Sohn von der Fahrt nach Paris oder von den Intrigen am Arbeitsplatz erzählt. Heute bin ich dran. Ich hole mir eine zweite Kanne mit schwarzem Tee und lese genüsslich die Zeitung. Jetzt bin ich wunschlos glücklich. Wenn nur das Telefon weiterhin stumm bleibt! Ich gehe absichtlich nicht an den Briefkasten, weil ich mich nicht über die vielen Reklamesendungen ärgern will oder an nicht bezahlte Rechnungen erinnert werden will.

Edle Göttin ‚Freya', ich danke dir für das Gefühl der Freiheit am Montagmorgen! Alles ist noch offen und ich kann entscheiden, was ich mit meiner Freiheit anfangen will – wenigstens bis um neun ... oder vielleicht doch bis zehn?

Hubertus Wild

Die kleine Freiheit

Mein bayerischer Opa wusste von meiner Liebe zu Büchern und hatte mir daher manchen Karl May und Gerstäcker sowie ähnliche Abenteurer-Geschichten geschenkt. So war es wohl auch kein Wunder, dass er mir eines Tages erlaubte, in der Bibliothek zu seinen Füßen sitzend in seinen Büchern zu schmökern, während er am Stehpult seine Memoiren ‚Aus dem Leben eines Landarztes' schrieb.
Diese Ausnahme wusste ich zu schätzen, denn die Bibliothek war Opas Heiligtum und für uns Kinder ‚verbotenes Land'.
Ich hatte einen Band der ‚Fliegenden Blätter' auf die Konsole des Regals gelegt, kniete davor und schaute begeistert alle die lustigen Zeichnungen an, als Großvater sich zu mir herunterbeugte und fragte: „Na, mein Lieber, wie alt bist du jetzt eigentlich? 13 oder 14?" – „14 bin ich, Opa, und in der Untertertia am Gymnasium!" – „So so", meinte mein Opa, den alle Leute den Herrn Sanitätsrat nannten. „So so! Dann wird's ja Zeit, dass du weißt, was Männlein und was Weiblein sind! Kennst du dich da aus?" – Ich schwieg, denn – so glaube ich heute – als schüchternes Kind vom Land wusste ich damals zwar Tierisches aber nicht viel Menschliches um diesen ‚kleinen Unterschied'.

Da ging Opa an das Regal gegenüber, zog ein großes, sehr dickes Buch heraus und legte es über meine ‚Fliegenden Blätter'. „So, mein Lieber", sagte er, „von heute an darfst du immer, wenn du mich besuchst, in diesem Buch studieren. Jedes Mal ein Bisserl!"
Ich schlug den dunklen Deckel auf. Da stand in großer Schrift der Titel: ‚Das Weib in der Natur- und Völkerkunde – 512 Seiten, 258 Abbildungen'. Ich blätterte ein wenig. Und erschrak. Lauter nackte Frauen aller Rassen, en gros und en detail.
Ich gebe zu: Diese kleine Freiheit habe ich lange und gründlich genossen.

Anne E. Flierdl

Design des Lebens

Frei erblickt ein Mensch die Welt.
Erst einmal wird er wachsen und gedeih'n.
Sein Geist wird geformt,
sein Charakter geprägt.
Begierig nimmt er alles auf.
So manches kommt ihm seltsam vor.

Mit der Zeit reift der pragmatische Gedanke:
Könnte es nicht sein, dass alles Bestimmung ist,
sozusagen vorgezeichnet?
Zwar ist mein Körper die Herberge meiner Seele,
doch wie wäre es mit einer Gebrauchsanweisung
für des Lebens Gestaltung?

Mit dem Denken wächst die Erkenntnis,
bis ein weiser Gedanke ihn beseelt:
Meines Lebens Designer bin ich ja selbst!

Josefine Günther

Suppenkaspar

Und die Mutter blickte stumm – auf dem ganzen Tisch herum. – Es blieb ihr auch nichts anderes übrig, denn sie konnte nichts dagegen tun, dass Bettinas Teller noch fast voll war, während Peter bereits Nachschub erbeten hatte und die Furche zwischen den buschigen schwarzen Augenbrauen des Vaters noch tiefer wurde. Gleich würde die Ader darüber zu schwellen beginnen, und dann ging es wieder los: „Iss endlich, es ist ja schon alles kalt", donnerte Vaters Stimme.

Bettina rührte im Erbsengemüse, als könnte sie dadurch das Häufchen kleiner machen. Verteilt sah es immerhin flacher aus, aber der Tellerboden war trotzdem grün bedeckt.
„Nimm den Löffel!", schrie Vater. „Bitte", raunte Mutter ihr zu, „es ist doch nicht mehr viel."

Bettina füllte langsam den Suppenlöffel halb voll, hob ihn zum Mund, steckte ihn hinein und presste Zähne und Lippen fest zu. Ihr Gesicht wurde puterrot, die Backen blähten sich auf, ihre Augen flehten verzweifelt um Hilfe. Umsonst. Zu spät. Ein Würgen, Prusten, und der kaum zerkleinerte grüne Gemüsebrei, der in der Mundhöhle den unerträglich widerlichen Geschmack erst richtig entfaltet hatte, spritzte auf den blauen Rock, die gestickte Rosentischdecke bis hin zu Vaters Teller und an sein Bierglas.

Mutter schaute entsetzt von Bettina zu Vater. Der schlug mit der Faust auf den Tisch, dass es klirrte, dann packte er Bettinas Teller und schüttete ihr den Rest Erbsen ins Gesicht. Beim Aufstehen stieß er wütend seinen Stuhl nach hinten, so dass dieser auf den Fußboden krachte. Mit zwei Schritten war er bei der Tür, riss sie auf und warf sie hinter sich ins Schloss.

Bettina schluchzte, Peter lachte. Und die Mutter blickte stumm – auf dem ganzen Tisch herum.

Manuela Hahn

Pepper revoltiert

Gerade wollte ich ins Haus gehen. Da hörte ich ein starkes Getöse. Es kam von der Koppel, die sich hinter unserem Haus befand. Von weitem sah ich Pepper. Pepper war unser Hengst. Was war nur mit ihm los. Er tobte. Er galoppierte. Er schniefte und wieherte. Hatte er Angst? Was war mit ihm? Ich kannte ihn nur als ein sanftmütiges Pferd. Als einen Vierbeiner, der alles mit sich machen ließ. Ich lief schnell zur Wiese. Pepper trabte wie von der Tarantel gestochen hin und her. Die anderen Pferde stoben auseinander. Sie bemühten sich, ihm aus dem Weg zu gehen. Bianca, unsere kleine dicke Stute, bekam einen Tritt von Pepper. Arme Bianca. Sie schaute zu mir herüber. Sie brauchte meine Hilfe. Was war bloß da draußen geschehen? Unsere fünf Pferde erschienen mir wie fremde Wesen. So unruhig waren sie noch nie.

Ich versuchte die Situation zu analysieren. Unsere Pferde hatten zu trinken, zu fressen, genug Platz, gute Pflege. Pepper stieß mit seinen Hinterbeinen gegen die Umzäunung. Wir hatten Holzpfähle um die Koppel herum in die Wiese geschlagen. Wollte er in den Wald? Wollte er alleine sein? Es war ziemlich schwierig herauszufinden, was er wollte, was er versuchte, mir mitzuteilen.

Auf einmal – so schnell konnte ich gar nicht schauen – sprang Pepper in einem großen Satz über den Zaun. Mit einem lauten Wiehern kam er außerhalb der Umzäunung auf und beruhigte sich sofort.

Sein Blick führte in eine Richtung. Jetzt sah ich sie. Am Waldrand stand eine weiße, wunderschöne Stute. Sie fraß in aller Seelenruhe das frische, saftige Gras. Unser Pepper musste sie bemerkt haben.

Hatte er sich etwa in diese Pferdedame verguckt, wie wir Menschen dazu sagen würden? Er hatte alle Register gezogen, um zu ihr zu gelangen. Ob er wusste, dass er sich alle Knochen hätte brechen können bei dieser Aktion?

Er hatte revoltiert.

Gemütlich trabte er zu der Pferdedame. Ich ließ es geschehen. Eine halbe Stunde später, ich hatte Pepper die ganze Zeit beobachtet, trottete er wieder auf unsere Koppel zu. Die weiße Stute hatte kurz Rast am

Waldrand gemacht und war später mit ihrem Reiter weiter gezogen. Glück für mich, Pech für Pepper.
Ich wusste, dass er wieder zurück kommen würde. Ich kannte meine Pferde. Aber ab und zu wollen auch sie ihren Willen durchsetzen. Diesmal ging es gut. Eines hatte mir Pepper allerdings gezeigt:
Wenn man etwas wirklich will, dann schafft man es.
Nun muss ich mir allerdings Gedanken machen, was ich für Pepper tun kann. Sicher wird mir bald etwas einfallen. Vielleicht sogar die weiße Pferdeschönheit.
Kommt Zeit, kommt Rat.

Karin Probst

Frei?

War ich jemals frei? In meiner Jugend? Oder zuvor in meiner Kindheit? Ich hatte einen weiten Schulweg, über staubige Landstraßen. Hitze im Sommer oder Regentage, an denen das Wasser meine Schuhe aufweichte. Im Winter Eis und Schnee.
Frei? Eigentlich ging ich nicht gern in die Schule. Oft wurde ich als Heidenkind verspottet. Und daheim bei Mutter, Großeltern und Geschwistern – wir wohnten damals in den Jahren sehr beengt in zwei Zimmern – wie sollte ich da frei sein? Nach den Hausaufgaben musste ich helfen abzuspülen, im Sommer, in den Ferien, Pilze sammeln und Beeren pflücken und auf die Geschwister aufpassen. Frei sein, was ist das, was war das?

Frei war ich in meinen Gedanken. Als ich das Lied lernte: ‚Die Gedanken sind frei, wer kann sie erraten?' Da hatte ich mein Lieblingslied gefunden. Auf dem weiten Heimweg sang ich es ununterbrochen. Manchmal, wenn ich müde wurde, setzte ich mich an den Straßenrand oder ich suchte mir ein Plätzchen in der Wiese. Dann legte ich den Schulranzen auf die Seite, breitete meine Jacke aus und fing an zu träumen: Von Orangen und Bananen, von einer Tafel Schokolade für mich ganz alleine, von schönen Schuhen oder gar von einem schönen Kleid. – Ich sah den weißen dahinziehenden Wolken nach und wollte mit ihnen verreisen. In eine Stadt wollte ich ziehen, wo es keine weiten Wege gab, wo ich eine Freundin hätte, oder wo es für unsere Familie ein Haus oder wenigstens eine Wohnung mit eigenem Bad gab. Ich träumte von einem warmen Bett, das ich in einem eigenen Zimmer hatte, von weicher Bettwäsche. Es sollte keine kratzigen Wolldecken mehr geben auf einer Amipritsche mit Stroh. In dieser fernen Stadt, träumte ich, meinen Vater zu treffen. Meine Mutter sagte zwar, er sei in Frankreich gefallen, aber ich ließ mir meinen Wunschtraum nicht nehmen.
Gedanken verwandeln sich in Träume und Träume in Gedanken.

Seit ein paar Jahren habe ich das Gefühl von Freiheit; aber ganz frei bin ich nie. Es sind die Aufgaben, denen ich mich mehr oder weniger freiwillig stelle – die Verantwortung, die ich im Laufe meines Lebens für andere übernommen habe.

Freiheit ist für mich: Entscheiden zu dürfen und nicht, gelebt zu werden! Und nach wie vor gilt:
‚Die Gedanken sind frei, wer kann sie erraten ... ‘

Manuela Hahn

Frei–fühl-Tag

Gibt es diesen Tag, an dem ich mich frei fühle? Gibt es Stunden? Ja! Aber Tage? Ich muss stark nachdenken. Frei fühlen, was ist das? Ist es die Sehnsucht, das tun zu dürfen was ich möchte? Ist es ein Gefühl? Ist es eine Stimmung, die sich in mir bemerkbar macht? Wie macht sie sich bemerkbar? Lässt sie mich schweben in Raum und Zeit? Lässt sie mich träumen? Fragen kommen und gehen. Sie lümmeln sich um mich herum. Fühle ich mich dabei frei? Wann fühle ich etwas, was mir gefällt, das ich immer und immer wieder gern hätte? Kann es sein, dass dies die Freiheit ist, die ich suche? Etwas spüren, etwas empfinden, das mich glücklich macht? Reicht das dann aus? Geht es nur um mich? Gehört die Freiheit nicht auch dazu, dass sich andere auch frei fühlen? Frei, so wie die Wolken, wenn sie am Himmel dahin ziehen und wieder verschwinden! Frei wie der Vogel in der Luft! Ist es das, was ich suche? Was wir alle suchen? Warum? Wieso? Fragen, die immer wieder kommen.

Gibt es den Tag, an dem ich mich frei fühle? Ich mache eine Reise in die vergangene Zeit und suche mir den Wochentag, der mir gefällt. Der mir sagt: „Hallo, hier bin ich, siehst Du mich nicht? Du brauchst mich, um dich gut zu fühlen.“ Ich höre ein leises Klopfen an meinem Ohr und in meinem Herzen. Es kommen Farben und Töne. Schwingungen, die sich durch meinen Körper bewegen. Es ist ein Gefühl der Leichtigkeit des Seins, des Verschmelzens mit Allem. Es ist Freitag. Aber es ist schon der frühe Abend des Freitags. Es wiederholt sich immer alle zwei Wochen. An diesem Tag gehen meine Sinne wandern. Sie finden den Weg in alle Bereiche meines Körpers. Es ist der Klang der Melodie, die mich erschauern lässt. Die mich mit voller Wucht in eine andere Welt hinein katapultiert und aus der ich nicht wieder heraus möchte. Es ist die Sehnsucht in die Unendlichkeit, die das Schicksal lenkt. Es ist so schön, in diesem Gefühl gefangen zu sein. Dieses Gefühl trägt jetzt nur mich, obwohl viele andere anwesend sind. Oder spüren die Anderen auch diese Energie, die sich im Raum breit macht? Ich fühle mich frei und hoffe und wünsche, es geht allen hier so.

Ela Paro

Platz 13

Noch in den späten 50er Jahren drehte sich unser Alltag in Polen zum größten Teil um die Besorgung der Lebensmittelmarken, was jedoch nicht bedeutete, dass damit der Lebensmittelvorrat gesichert war. Das Land hatte keine Lebensmittelvorräte an die Bevölkerung zu verteilen. Woher sollten die Privathaushalte genügend Lebensmittel haben?

Ich weiß nicht, wie das auf dem Land war; wir lebten in der Stadt und da war eine Familie überwiegend damit beschäftigt, Lebensmittel zu besorgen. Sowie bekannt wurde, dass in einem der Geschäfte Ware angeliefert wurde, bildete sich in kürzester Zeit eine Menschenschlange vor der Tür, noch bevor der LKW ankam.
So verbrachte ich als Kind einige Stunden täglich in einer Menschenschlange und hörte den Gesprächen der Erwachsenen zu. Es kam vor, dass eine Person kurzfristig die Warteschlange verließ, um sich schnell eine Zeitung zu holen oder ein Päckchen Zigaretten. Dann wurden die Personen, die davor und danach standen, davon verständigt. Diese versuchten sich das Gesicht zu merken, denn schließlich konnte jeder der Vorbeigehenden behaupten, er wäre der fünfte in der Reihe gewesen.

Und jetzt kommen wir zum eigentlichen Spiel, das sich zwischen den ersten 13 Wartenden abspielte, denn niemand wollte der 13. sein. Zwischen der 12. und 14. Person bildete sich oft demonstrativ eine Lücke. Solange das Geschäft zu war, bleibt der 14. Wartende ruhig, sobald aber die Lebensmittel verteilt wurden, musste sich der Mann oder die Frau etwas einfallen lassen. Manchmal wurde ich, damals noch ein Kind, aus dem hintersten Teil der Warteschlage nach vorne geholt, was mich sehr freute. Einmal bekam ich sogar einen Laib Brot ohne Marke, denn ich hatte sie so gut versteckt, dass ich sie nicht finden konnte.
Was sollte an dem 13. Platz in der Warteschlange dran sein, fragte ich mich, das ist ein Platz wie jeder andere. Schlimmer waren die hintersten Plätze, wenn die Lieferung zu klein war und nicht alle Wartenden ihre Marken einlösen konnten. Einmal beobachtete ich, wie ein wartender Mann ganz gelassen den 13. Platz besetzte und dann kurz vor Öffnung des Landes aus einer Flasche, die er verstohlen aus der Manteltasche zog,

schnell ein paar kräftige Schlucke nahm. Ich stand ein paar Personen hinter ihm, wusste aber sogleich, dass das kein Wasser war, sondern eher billiger Wodka. Bis der Mann an die Reihe kam, war die Flasche leer und er hatte Mühe mit der Verkäuferin zu sprechen.

Die lustigste Begebenheit in so einer Warteschlange erlebte ich einmal bei Regen. Wir standen alle dicht gedrängt, die Mantelkrägen hochgestellt, Hände in den Taschen und warteten auf den Lieferwagen, der Schokolade bringen sollte. Bitte glauben sie nicht, dass es damals bei uns zu Hause Schokolade zu essen gab. Wenn es gelang, eine oder zwei Tafeln zu ergattern, dann wurde sie später auf dem Schwarzmarkt gegen Butter oder Schmalz getauscht. Ich stand an 19. Stelle und zählte aus, wer auf dem 14. Platz stand, denn die Lücke für Nr. 13 war unübersehbar groß.

Kurz nachdem der LKW ausgeladen hatte und die 14. Person schon ganz blass war, kam eine Frau mit einem Besenstiel und stellte sich in die Lücke. Niemand protestierte, jeder schaute gespannt auf die Frau. Als sie an die Reihe kam, streckte sie schnell den Arm mit dem Besenstiel aus und bevor sie noch etwas sagen konnte, fragte die Verkäuferin lächelnd: „Hat der Herr Stiel auch eine Lebensmittelkarte?“ Das Ladenpublikum lachte, die Frau begann in ihren Taschen zu suchen und zog triumphierend vier Karten heraus, die sie auf die Ladentheke legte.

Immer wieder hatten die Menschen zum 13. Warteplatz originelle Ideen, wie zum Beispiel auf einem Bein zu stehen, um vielleicht den Zauber zu halbieren. Aber eigentlich wartete ich immer darauf, dass jemand mit Nr. 13 einen Handstand machte.

Gabriele Rohrmeier

De Braut vom Deife

Der Aberglaube spielte nicht nur während meiner Kindheit eine fast tragische Rolle. Meine Firmpatin, Tante Katherl, war der wandelnde Aberglaube. Als Marketenderin kam sie in viele Bauernhöfe und auch in kleine Bauernhäuser, so genannte Katen bzw. Keuschen. Man sprach zuerst über das Vieh, den Zustand des Stalles und natürlich zuletzt auch über das Befinden der auf dem Hof wohnenden Menschen. Das ging ungefähr so: „Wia vui Stuck hostn im Stoi?" Tante Katherl hätte nie, um nicht Unglück heraufzubeschwören, gefragt, wie viele Kühe, Schweine, Ziegen, Hühner und Pferde der Bauer im Stall stehen hat. Nein, es hieß „Stuck bzw. Stuckara." Der Bauer oder die Bäuerin antwortete meist nach einigem Zögern oder Nachdenken, so genau wusste man das nie. „So Stuckara zehne, zwanzge wer'n ma scho hob'n." Das war's dann. Mehr gab es nicht zu erfahren, um ‚de bähse Gjad' nicht auf eventuelle Raubzüge aufmerksam zu machen. Meine Patin besichtigte alles mit mehr oder weniger Wohlwollen. Sie stellte hin und wieder einen Mangel fest und gab den einen oder anderen Rat. Manchmal empfahl sie auch, ein Medaillon am Stallfenster oder der Stalltüre aufzuhängen. Dies wurde dann von der Bäuerin besorgt und, natürlich nach einer ausgiebigen Weihe, aufgehängt.

Ich kann mich auch an kleinere Gehöfte und deren Inhaber erinnern, die an den vermeintlichen ‚Kas' nicht glaubten und demzufolge nichts unternahmen. Zu diesen gingen wir dann nicht mehr, weil ‚de ham ja eh koa Glück im Stoi!' war die Aussage von Tante Katherl. Dabei blieb es dann auch. Selbst wenn noch so schöne Zicklein oder Hühner zu erwerben gewesen wären. Einmal kam uns eine Magd entgegen, die uns nach dem Weg fragte. Meine Patin tat so, als ob sie nichts gehört hätte. Ich kannte den Weg und gab die Information an die Fragende weiter. Auf meine, wie ich meinte berechtigte Frage, warum sie nichts gesagt habe, gab sie mir den Segen! Ich blieb ziemlich verdutzt stehen. Als die Magd an der Kreuzung verschwunden war, nahm mich meine Tante in den Arm und drückte mich ganz fest an sich. Sie murmelte einen Vers, den ich aber nicht verstand. Am Abend, wir kamen erst sehr spät heim, wurde ich ohne Essen ins Bett geschickt. Ich war nicht nur sehr hungrig,

sondern auch ziemlich sauer. Deshalb stand ich leise wieder auf und horchte an der Tür, ob die Luft rein war. Dabei hörte ich meine Patin jammern und wehklagen, weil ich Unglücksrabe der ‚roten Hex' den Weg gewiesen habe. Ihrer Meinung nach hatte der Hof jetzt doch koa Glück mehr im Haus. ‚Wer rote Haar und Batzlaugn hod, des is de Braut vom Deife und der schickt seine Leit!'
Meine Mutter hat schallend gelacht über soviel Aberglauben.
Tante Katherl aber war fest vom nahenden Unheil überzeugt und mied fortan das Gehöft, wie der Teufel das Weihwasser.

Viele Jahre waren inzwischen vergangen, wir lebten bereits wieder in München, da erhielten wir von der nun fast 80jährigen Tante einen ganz lieben Brief. Sie berichtete über dieses und jenes und dass der Bauer von damals nach anfänglichem Glück jetzt sehr viel Pech habe. Der Hof sei abgebrannt und das Vieh verendet. Die Bäuerin sei vom Schlag getroffen worden und der Hoferbe habe jetzt die rothaarige Dirn von damals geheiratet. Der Schlusssatz, ich sehe ihn heute noch vor mir, lautete: „Zenta, da siegst as wieda, da Deife huift seine Leit, er hoids aba a."
Auf dem Hof lag wirklich kein Glück, aber Misswirtschaft, das ständige Fremdgehen des alten Bauern und auch des Hoferben dürften wohl eher der Grund für den Schlaganfall der alten Bäuerin gewesen sein. Dass die beiden Männer nicht nur Haus und Hof, sondern auch den letzten Pfennig und ihren Verstand versoffen haben, sei nur nebenbei bemerkt.
Bei einem Klassentreffen erzählte ich die Episode mit meiner Patin und der Magd. Alle Anwesenden haben herzlich gelacht und gemeint, nicht die rote Hexe brachte das Feuer aufs Dach und den Notniegel auf das Anwesen. Es war der Benzinkanister vom alten Bauern im Heu. Aber die Sache war schnell aufgeklärt und er bekam seine Strafe. Die Knechte und Mägde verschwanden und die Bäuerin musste mit den Kindern den großen Hof selbst versorgen. Was dann noch zu retten gewesen wäre, wurde auch noch ins Wirtshaus getragen.
Ned da Deife wars, dass auf Gant kumma san, sondern Bauersleit selba.

Mit allen Sinnen

Anne E. Flierdl

Hochverehrter Maestro!

In diesem Jahr, in dem sich Ihr Wiegenfest zum 250. Male jährt, bin ich in Gedanken besonders oft bei Ihnen beziehungsweise Ihrer Musik – Ihren so wundervollen Kompositionen von einmaligem, unschätzbarem Reichtum. Allerorten werden Sie, verehrter Maestro, vielfach gefeiert. Gottlob betrifft es in aller Verehrung in erster Linie Ihr wunderbares Werk der Musik, eben das eines wirklichen Genies! Gleichwohl zeigt man auch Interesse an Ihnen, verehrter Maestro, als Mensch.

Da es lebende Zeitzeugen aus der zweiten Hälfte des 18. Jahrhunderts, also aus der Zeit, in der Sie auf der Erde weilten, nun ja nicht mehr gibt, ist man größtenteils auf die Erkenntnisse aus den Wissenschaften angewiesen, aber auch auf Vermutungen. Soweit die umfangreiche Sammlung Ihrer Briefe erhalten ist, wähnt man sich in dem Glauben, sich anhand Ihrer Texte ein gewisses Bild von Ihnen als Mensch machen zu können, aber eben nur ein gewisses Bild.

Nun, was wären Ihre Briefe, deren wohlgesetzte Worte so vieles aus Ihrem Leben erzählen, ohne Ihre Musik? Schrieben Sie doch selbst am 8. November 1777 an Ihren allerliebsten Papa, Sie seien kein Dichter, kein Maler, kein Tänzer, aber Sie könnten es durch Töne ausdrücken, Sie seien ein Musikus! Und welch ein wirklich begnadeter Musikus!

Sie, hochverehrter Maestro, als den Menschen Mozart erfassen zu wollen, würde auch bedeuten, Ihre Zugehörigkeit zur Wiener Freimaurerloge „Zur Wohltätigkeit" zu beachten, in die Sie im Jahre 1781 eintraten. Wie die „Wohltätigkeit" wohl ausdrückt, war es sicher nicht nur eine Verbindung Gleichgesinnter, sondern auch ein soziales Anliegen.

Was mein persönliches Empfinden zu Ihnen, hochverehrter Maestro, betrifft, würde ich am liebsten „Lieber Mozart" schreiben – doch in Anbetracht des Adressaten, einem schier unglaublichen Genie – geziemt es sich wohl nicht. So möchte ich Ihnen gegenüber in aller

Ehrerbietung erwähnen, von welch unschätzbarem Wert mir Ihre Kompositionen sind. Erzählen sie doch von einem reifen Wissen um das Leben, um die wirklich großen, allumfassenden Gefühle. Welch unglaubliche, überströmende Leichtigkeit, Lebensfreude, Empfindsamkeit, Zärtlichkeit und auch anrührender Schmerz kommen darin zum Ausdruck – berührend, bewegend, nahegehend. Schon erstaunlich, da Sie, verehrter Maestro, Ihre Kompositionen doch in einem relativ jugendlichen Alter schufen.

Unglaublich viele Stunden waren mir erfüllt von Ihrer Tonkunst, unter den Künsten der Musen die, die mir Geist und Gemüt so wunderbar verwöhnt. Welch ein Geschenk für meine Seele!

Um Ihren Werken und auch Ihren Spuren, die Sie hinterlassen haben, noch näher sein zu können, schloss ich mich der Mozart-Gesellschaft München an. Dadurch war es mir vergönnt, vieles aus Ihren Werken, aus Ihrem Leben, von Ihren Reisen zu erfahren und weitere Aufführungen Ihrer Werke erleben zu dürfen.

Niemals, hochverehrter Maestro, wird mein Dank an Sie genügend Ausdruck finden. Von Millionen und Abermillionen Bewunderern eines so großen Compositeurs werde ich nur eine Liebhaberin Ihrer Werke sein. Mein sehnlichster Wunsch wäre, dass mich Ihre Musik mein Leben lang begleiten möge.

Nehmen Sie bitte, hochverehrter Maestro, – und jetzt wage ich doch zu schreiben – lieber Mozart, gütigst meinen so bescheiden ausgedrückten Dank entgegen!

Mit großer Verehrung für Sie, hochverehrter Maestro,
bin ich Ihre dankbare
A. F.

München, im April 2006

Rita Veras

Lieber Frédéric,

ich sitze in der Luft, die Dir Linderung von Deinem Leiden bringen sollte. Drei Monate weiltest du hier mit Georg. Der Garten, der die Kartause von Valldemossa umgibt, zeigt sich in tiefem Grün. Um mich der Duft von Orangen, der Weg zum Haus ist eingerahmt mit Palmen und Zypressen. Eine Bank lud zum Verweilen ein. Es war Dein Garten, Dein Haus, Deine Wohnstatt für drei Monate ab November 1838 und doch, es scheint, als wehte noch immer der Klang Deiner Noten durch eine zarte Brise vom Meer herüber. Neugier beflügelte mein Denken, als ich in dem Haus stand. Trauer hast Du dort erlebt und Freude. Die Räume waren zu kühl für Dich, die Mallorquiner zeigten Distanz zu Euch, dem unverheirateten Paar. Aber Deine Genialität ließ Dich Meisterliches vollbringen. Vierundzwanzig Preludes entstanden auf der Insel. Die ‚Regentropfenprelude' erzählt auch heute noch von feuchten Tagen, die Du dort nicht haben wolltest; nur Sonne, sanfte Luft und warmer Meereshauch sollten Heilung bringen. Das endlose Meer, die schäumende Gischt, das Blau des Himmels und die Liebe zur ‚Sand' gaben Dir für einige Zeit Kraft.

Noch klingt sie in mir, Deine zärtliche Musik, Ohrenschmaus im Rausch der Sinne. Ich fühlte den Geist Deiner Musik, als der junge Mann am Flügel uns mit seinem Spiel verzauberte. Wo kommt er her, dachte ich? Ist er Mallorquiner, ist er Spanier, ein Student vielleicht, so jung wie er vor uns, den Besuchern, saß, seine Finger über die Tasten gleiten ließ? Er, ja auch er muss Deine Werke lieben!

Für einige Stunden fühlte ich mich geborgen, hatte mich fallen gelassen, meine Augen geschlossen und mein Herz geöffnet in dankbarer Erinnerung

immer die Deine.

Gabriele Rohrmeier

Mein lieber Guiseppe,

leider hatte ich im letzten Jahr, als ich in Mailand weilte, keine Möglichkeit, Dich zu besuchen. Wir waren zwar ganz in Deiner Nähe, aber die vielen Besichtigungen, die wir zu absolvieren hatten, erlaubten keinen Ausreißer meinerseits. Ich habe dies außerordentlich bedauert, aber Leonardo da Vincis ‚Das letzte Abendmahl' von 1494-1498, im Refektorium des Klosters Santa Maria delle Grazie war doch auch sehr wichtig. Oder siehst Du das anders? Der Friedhof von Mailand war ebenfalls so interessant und absolut sehenswert, dass ich da noch einige der wundervollen und berühmten Mausoleen besichtigte.

Eigentlich wollte ich ja auch Dein Altersheim, die ‚Casa di riposa per musicisti', welche Du für betagte und bedürftige Künstler und Musiker gestiftet hast, besichtigen. Dort hätte ich auch gerne Dein Grabmal, das auch das Deiner Gemahlin ist, besucht. Ich hatte mir zwar vorgenommen, Dir endlich einmal an Deinem Grab zu danken. Wofür? Na, für meine so geliebte La Traviata, den Maskenball und so vieles mehr, was Du komponiert hast. Auch Deiner Gemahlin, Guiseppina Strepponi, wollte ich meinen tief empfundenen Dank aussprechen. Sie war ja die erste Sängerin, die die Partie der Violetta Valéry singen durfte. Immer, wenn es mir schlecht geht, gesundheitlich oder seelisch, höre ich mir meine Lieblingsoper ‚La Traviata' an und komme dann meist zur Ruhe. Du fragst warum? Nun denke doch mal nach, die Figur, die Du in so unnachahmlicher Weise geschaffen hast, ist ca. 22 Jahre alt und hat vermutlich schwere Zeiten hinter sich gebracht. Sie muss jetzt, wo sie endlich den Mann fürs Leben, ihren Alfredo, gefunden hat, verzichten. Der Vater von Alfredo, Germont, kreuzt auf, macht ihr, der endlich das große Glück begegnete, die Hölle heiß und verschwindet wieder. Die Ärmste flieht in völliger Verzweiflung nach Paris und Alfredo lässt sie, zu Tode beleidigt, allein. Was hat sich Francesco Maria Piave nur dabei gedacht, als er diesen Text zur Oper geschrieben hat? Deine geniale Musik dazu, ich könnte hinschmelzen! Ja, ich weiß, dass Alexandre Dumas d. J. 1848 ‚La

Dame aux camélias', die Kameliendame, geschrieben hat und Du gleich nach Erscheinen des Romans von dem zeitgenössischen Stoff der Kurtisane Marie Duplessis gefangen warst.

Ich kann mir das nur so erklären, dass Dein Leben auch nicht leicht war. Aber Du hattest ja sehr viel Glück bei den Damen und sie mit Dir? Zuweilen warst Du schon recht schwierig. Vermutlich ist Dir deshalb der Alfredo und sein geifernder Vater musikalisch so besonders gut gelungen.

Auch mit Deinen Librettisten warst Du nicht immer einer Meinung und auch da ziemlich ekelhaft, wenn Du Deinen Sturkopf nicht durchsetzen konntest. Denk nur an die Besetzungslisten Deiner von Dir musikalisch intonierten Personen und deren Akteure, die den Gestalten Leben einhauchen sollten. Aber jetzt, da Du schon seit mehr als hundert Jahren nicht mehr unter uns weilst, bist Du im wahrsten Sinne des Wortes auch schon viel ruhiger geworden. Oder?

Also was ich eigentlich zum Ausdruck bringen wollte ist, dass Deine Violetta Valéry in jungen Jahren an der Schwindsucht sterben muss, ich aber leben darf und das nun schon seit fast 65 Jahren. Du hast mir mit Deiner Musik schon so viele schöne Stunden beschert, ich danke Dir tausendmal dafür!

Beim nächsten Mal in Mailand gehe ich nicht nur wieder in die Scala, nein, dann hole ich meinen längst überfälligen Besuch an Eurer Grabstätte nach. Versprochen!

Nochmals danke, danke, danke

Deine Gabriele R.

Karin Probst

Kinderaugen

Samtig braun unter langen Wimpern
schauen fragend, abwartend:
Liest du die Geschichte?

Konzentriert sind sie auf die Zeichnungen
im Bilderbuch gerichtet.
Ein Erkennen, ein Wissen.
Der Zwerg – ja, die Blume – da, die Ameise.

Die Blicke mir zugewandt –
„liest du die Geschichte?“
Traurig und mitfühlend die Augen,
der kleine Zwerg leicht verletzt.

Später ein Leuchten und Strahlen:
Marienkäfer und Schmetterlinge
auf Blumen und Blättern,
das Wahrnehmen von Sonne, Mond und Sternen.
Zusammengezogen die Stirn,
kritisch der kleine Blick
kaputt – ein Schneckenhaus.

Zeit zum Schlafengehen,
Papa und Mama sind nicht da –
die Augen füllen sich langsam mit Tränen,
rinnen die Bäckchen herunter.

Ich singe ein Gute-Nacht-Lied,
wische die Tränen weg.
Langsam schließen sich die Augen
unter langen Wimpern –
Fabian ist eingeschlafen.

Anne E. Flierdl

Das A und O meines Schreibens

Du fragst mich nach dem A und O meines Schreibens,
was das Wesentliche, das Bedeutungsvolle sei?

Schon lange glaubte ich mich auf seiner Spur,
übte das Be-schreiben, das Auf-schreiben, das Erzählen,
war erstaunt über holde Lyrik, die mir zuflog,
ließ äußere Bilder an mir vorüberziehen,
ging inneren Bildern, Träumen, Fantasien nach,
bewegte mich im Paradies der Erinnerung,
gewillt, mich nicht vertreiben zu lassen.

Mehr und mehr ward meine Neugierde geweckt,
ein unerschöpflicher Reichtum tat sich auf,
ein unfassbares, unendliches Abenteuer.

Der Inhalte boten sich gar viele und doch –
mir schien, es streifte mich nur ein Hauch,
ein flüchtiger Gedanke,
ein unergründliches Geheimnis!

Ursel Andorfer

Wie schwarzer Kaffee ...

Das Schreiben regt mich an
das Schreiben regt mich auf
wie schwarzer Kaffee ...

Manchmal nehme ich Milch dazu
manchmal lieber Schlagsahne
manchmal filtere ich ihn, wie meine Mutter es tat
manchmal benutze ich die Kaffee-Maschine
manchmal wird es Blümchenkaffee
manchmal steigt mir sein Duft in die Nase
manchmal sprudelt das Wasser nicht mehr
manchmal schütte ich zu viel Pulver hinein
manchmal stößt er mir bitter auf
manchmal schmeckt er süß wie die Liebe
manchmal trinke ich ihn schwarz wie die Nacht

Immer weckt Kaffee meine Lebensgeister!
So geht es mir auch beim Schreiben –
manchmal – bisweilen – ein andermal ...

Gabriele Rohrmeier

Gestern, heute, morgen?

Eigentlich wollte ich schon immer meine Gedanken und manchmal auch obstrusen Ideen niederschreiben. Ich hatte mir schon als Kind so sehr ein Tagebuch gewünscht. Aber die Zeiten waren hart. Der Krieg war zwei Jahre vor meiner Einschulung zu Ende. Es gab kein Tagebuch, ja nicht einmal Papier. Außer alten benutzten Zucker-, Salz- und Mehltüten. Darauf ließ sich schwer oder gar nicht schreiben. Die Schultafel ging sehr leicht zu Bruch und musste auch immer wieder gesäubert werden. Somit war es nicht möglich, meine Ideen festzuhalten.

Auf die Sandstraße vor unserem Haus malten wir die Buchstaben mit einem Stöckchen. Das ging aber nur, wenn es geregnet hatte. Ich schreibe heute noch mit einer wahren Leidenschaft in den Sand am Meer. Aber auch da sind meine Wortschöpfungen nicht von Dauer. Eine Welle schwappt heran und genau wie in meiner Kindheit zerstört das Wasser Buchstaben für Buchstaben. Ich bewunderte Schriftsteller, die wunderschöne Bücher und Theaterstücke schrieben. Schon die Themenwahl konnte mich begeistern. In der Bibliothek meiner Klosterschule und noch Jahre später in unserer Stadtbücherei war kein Buch, das ich nicht gelesen hätte. Jede freie Minute nutzte ich, um mit meiner Lektüre zu verschwinden. Nachts im Bett, unter der Decke mit einer Taschenlampe, habe ich manche Stunde lesend, nicht schlafend, verbracht, sehr zum Leidwesen meines jüngeren Bruders.

Ja, so wollte ich auch schreiben können. Meine Ideen nur so auf die Blätter hinfliegen und bannen lassen. Mancher Gedankengang schrie geradezu danach, notiert und verarbeitet zu werden. Aber meine Eltern hatten für das „Geschmier“, wie sie es nannten, kein Verständnis; schon gar kein Geld, um das dafür nötige Papier zu kaufen. Sobald sie merkten, dass ich mich wieder in eine Ecke verzog, um Papierschnitzel auf deren Schreibtauglichkeit zu prüfen, vielleicht sogar schrieb, hieß es: „Hast Du nichts Vernünftigeres zu tun?“

In der Klosterschule der Armen Schulschwestern hatte man bemerkt, dass ich sehr gerne Aufsätze schrieb, die manchmal auch vor der gesamten Klasse vorgelesen wurden. Hin und wieder bekam ich dann statt einem Fleißbillett ein paar zurecht geschnittene Bögen Packpapier, rot, fast ins Lila gehend. Ein weiteres Problem waren die Stifte. Auf der Tafel schrieben wir mit Griffeln, die grau und sehr zerbrechlich waren. Tinte hatten wir schon, aber keine Federhalter mit Federn.

In der Schule lernten wir gerade in Heimatkunde die Gründung unseres Ortes durch das Wessobrunner Kloster. Ich fragte nach, womit die denn damals die Urkunde geschrieben haben! Ich glaube, das war die beste Frage, die ich je gestellt habe. Schwester Ludana sagte uns, man habe Federkiele verwendet. Federkiele aus Gänsefedern, ja das war's! Es liefen doch genug Gänse herum, da wird sich doch die eine oder andere rupfen lassen. Ich brauchte ja nicht viele Federn, zwei oder drei würden für's Erste schon reichen. Aber die Beschaffung der so heiß begehrten Kiele war gar nicht so einfach. Meine Patin erbarmte sich meiner. Nach dem ich ihr versprochen hatte, die eine oder andere Besorgung oder kleinere Einkäufe zu erledigen, bat sie eine Bäuerin um ein paar Federn. Diese mussten aus den Flügeln der Tiere sein, denn die brauchte man für's Bettzeug nicht. Für mich war Ostern, Pfingsten und Weihnachten an einem Tag. Ich hielt einige sehr schöne Federn in meiner kleinen Hand. Schwester Ludana half mir noch beim Zurechtschneiden der Kiele. Nun hätte meine „schriftstellerische" Arbeit beginnen können, aber ich hatte ja Tante Katherl versprochen, ihr im Haushalt zu helfen und auch kleinere Einkäufe zu übernehmen. Also musste ich mich wieder gedulden.

Heute habe ich jegliches dafür nötige Handwerkszeug, sogar einen Computer, auch die Lust am Schreiben. Was mir manchmal fehlt, sind die tausend Illusionen, Gedanken und Anregungen aus meiner Kindheit.

Ela Paro

Der Heiligenschein

Die Katechetin tat mir leid. Sie versuchte der 1. Realschul-Klasse Gott zu erklären, doch es interessierte meine Mitschülerinnen und mich wenig. Der Religionsunterricht war etwas zum Entspannen. Lesen in einem unter der Schulbank versteckten Buch, einen Teil der Hausaufgaben schreiben, heimlich zeichnen, oder nur träumen.

Nur einmal, da war der Religionsunterricht richtig spannend. Die Katechetin war krank, es kam der Herr Kaplan. Er betrat das Klassenzimmer, stellte sich kurz vor und begann zu beten. Aus dem Gebet nahm er eine Stelle heraus und erzählte uns über die Erbsünde. Wie tief wir seit der Vertreibung aus dem Paradies in der Schuld stünden und deshalb immer reumütig vor Gott treten müssten, nichts erbitten stünde uns zu, sondern stets um Vergebung bitten, um diese große Erbschuld zu sühnen.

Ich spürte ein leises Kribbeln im Nacken. Bisher dachte ich, sündenfrei zu leben. Denn wenn ich die 10 Gebote durchging, konnte ich in keinem einen Fehltritt feststellen. Ich betete am Morgen und am Abend, ging brav zur Schule, lernte fleißig, half meiner Mutter im Haushalt, manchmal zwar mit etwas Murren, aber ich tat es. Ich bemühte mich, stets die Wahrheit zu sagen, keine Schimpfwörter zu benutzen und geflucht wurde bei uns zu Hause sowieso nicht! Ich war, wenn ich es aus heutiger Sicht betrachte, ein Musterkind. Denn ich hatte festgestellt, dass diese Lebensweise viele Vorteile hatte. Sie bereitete wenig Schwierigkeiten mit den Eltern, denn ließ ich sie in Ruhe, dann ließen sie mich auch in Ruhe und ich konnte lesen. In der Schule war es ähnlich, ich ging ohne Ängste mit stets erledigten Hausaufgaben zum Unterricht. Sobald die Lehrer das merkten, prüften sie mich nicht, damit war dieses Verhältnis stets ausgewogen. ‚Unauffälliges Verhalten' würde man es heute nennen und noch ein anderes Wort benutzen, das sich wie ‚Duckmaus' anhört. Bis zu der Unterrichtsstunde, die von dem Herrn Kaplan gehalten wurde, hatte ich das Gefühl, von einem Heiligenschein umgeben zu sein.

Nun aber behauptete dieser Herr Kaplan, ich hätte eine große Schuld auf mich geladen. Das war zuviel! Ich meldete mich und sagte, auch wenn ich ganz tief in mich ginge, fühle ich mich nicht schuldig, erstens war es die Eva, und zweitens, nach knapp 2000 Jahren, müsste so eine Schuld längst verjährt sein. Herr Kaplan begann zu hüsteln und bekam einen roten Kopf. Ich konnte nicht feststellen, ob das aufgrund meiner Aussage war oder weil so manche Mitschülerin mir beipflichten konnte. Vielleicht auch, weil einige kicherten und der Herr Kaplan das nicht gewöhnt war. Diesen Blödsinn von der Schuld konnte er den Zweitklässlern erzählen, aber nicht uns jungen Damen. Wir waren ja immerhin schon 13 Jahre alt.

Verantwortlich wäre immer die Person, die etwas getan hat, und die Eva sollte sich doch dafür bitte verantwortlich fühlen und nicht ihren Fehltritt auf die gesamte Menschheit übertragen. Die Diskussion ging nun um die Verantwortung für die Sünde und den Erbfall. Und erben konnte man Talente, Charaktereigenschaften, Krankheiten, Sprachfehler, Geld und anderes. Aber dass eine Sünde, die eine andere Person begangen hatte, wir, bzw. ich geerbt hätte, damit konnte ich mich nicht abfinden. Trotz entsprechender Bibeltexte, die wiederholt vorgelesen wurden, ja, die ich selbst der Klasse vorlas, schlug die Bekehrung fehl. Sünde! Wenn schon sündigen, dann wollte ich das selbst tun, aber nicht sündigen lassen. Mit etwas Bedauern nahm diesmal die Klasse das Klingelzeichen wahr. Herr Kaplan warf mir beim Hinausgehen einen letzten strengen Blick zu, der auch nichts half. Kopfschüttelnd kam meine beste Freundin auf mich zu: „Du bist doch sonst so beschwichtigend und lenkst ein, gehst den Weg des geringsten Widerstands, was war denn heute mit dir los?“

Nun, was war los? Der Herr Kaplan wollte meinen Heiligenschein zerstören, und das konnte ich absolut nicht zulassen.

Rita Veras

Bank-Gulasch

Schon zehn Minuten vor Acht. Julia sprang vom Tisch auf, nahm den Mantel von der Garderobe, hüpfte auf einem Bein in ihr Zimmer und schwang den Schulranzen auf den Rücken. „Servus Mutti“, rief sie. „Bist wieder spät dran“, sagte die Mutter und drückte Julia einen Kuss auf die Stirn. „Ich gehe heute nach der Arbeit in die Stadt, Essen einkaufen, nimm den Schlüssel mit, falls ich ...“
Die Tür fiel ins Schloss. Sie rannte los. Verspätet kam sie in der Schule an. Fräulein Elsenheim empfing sie: „Bist schon wieder die letzte, kommst ständig zu spät, so geht das nicht weiter.“ Dann fragte die Lehrerin: „Wer bekommt heute Schulspeisung?“ „Ich nicht“, antwortete Julia, „heute nicht, meine Mutter kauft extra in der Stadt ein. Ich glaub, es gibt Hendl“, flüsterte sie dann der Banknachbarin zu. Schon oft hatte sie sich ihr Lieblingsgericht gewünscht, aber immer hieß es, das ist zu teuer, kostet zu viel! Aber heute, vielleicht heute ... !

Endlich war die Schule aus. Julia lief im Sauseschritt nach Hause. Die Treppen hoch, drei Stockwerke und – da roch sie es schon! Nein, nach Hendl roch es nicht, aber der Geruch von Fleisch, irgendein Braten, den es sonst nur sonntags gab, drang an ihre Nase. Sie schloss die Tür auf. „Wann ...?“ „Später, das dauert noch, nimm dir erst mal ein Brot, ich habe Hartwurst mitgebracht“, sagte die Mutter. In der kleinen Vorratskammer lagen verschiedene Würste. Julia verstand das gar nicht, denn immer, wenn die Mutter sie zum Einkaufen schickte, hieß es „bring 100 Gramm von diesem und jenem, aber nicht mehr, hörst du.“ Und nun – eine gefüllte Vorratskammer. Gegen Abend, als Julias Geschwister zum Essen um den Tisch versammelt waren, schmeckte Mutters Gulasch pikant, saftig, scharf und jeder durfte soviel essen, wie er wollte. Diese Aufforderung kam selten in jenen Nachkriegsjahren und Julias älterer Bruder konnte nicht genug bekommen, wenn es Fleisch gab.

Dann erzählte die Mutter vom langen Anstehen beim Einkauf auf der „Bank“. Julia, gerade acht Jahre alt geworden, dachte, warum geht sie denn zur Bank, anstatt zum Metzger. Dort musste sie doch nie lange anstehen beim Einkaufen.

Später, Jahre später, erzählte die Mutter dem Kind von dem Pferdefleisch, dass es nur in der Freibank gab, wo sie manchmal einkaufen ging nach dem Krieg, um Geld zu sparen. Es dauerte viele Jahre, bis Julia das vergessen konnte.

Pferdefleisch, wie schrecklich, denkt sie noch immer, auch fünfzig Jahre nach dem Krieg. Wenn sie heute an dem Geschäft des Pferdemetzgers am Viktualienmarkt vorbei geht, wundert sie sich über den, wie es scheint, genussvollen Verzehr von heißen Pferdefleisch-Würstchen durch die Käufer.

Vegetarierin müsste man sein, denkt sie.
Aber was nicht ist, kann ja noch werden!

Gabriele Rohrmeier

Die Schulspeisung

Kurz nach Kriegsende kam ich in die Schule. Hunger begleitete uns Kinder von früh bis spät. Morgens gab es Milch; Kakao kannten wir überhaupt nicht. Zum Milchfrühstück gab es, falls vorhanden, ein Stück trockenes Brot. Für die Pause bekam ich einen Apfel oder eine Birne mit. Tomaten aus dem Garten eigneten sich nicht, weil die dann immer so matschig in der Schultasche lagen. Plastiktüten oder einen Pausenbrotbehälter gab es noch nicht. Damals benutzte man so genannte „Stralitzen“, die aus dunkelbraunem festen Papier zu Tüten gefaltet wurden. Brot war sowieso Mangelware, Butter hatten wir auch nicht und Margarine, z. B. Sanella, wurde, wenn überhaupt vorhanden, nur zum Backen und Kochen verwendet. Also blieb für die Pause nur das Obst aus Nachbars Garten. Manchmal bekam ich auch Zwetschgen mit, aber die waren meistens so wurmig, dass mir schon beim Anblick dieser Fleischbeilage der Appetit gründlich verging. Die ersten Südfrüchte, wie Bananen und Orangen, lernte ich erst mit fünfzehn Jahren kennen, als wir schon wieder in München wohnten.

Eines Tages, ich war in der 1. oder 2. Klasse, wurde uns mitgeteilt, dass wir Kinder ein Geschirr mit Henkel und Deckel in die Schule mitbringen sollten. Um die Geschirre nicht zu verwechseln, musste der Name in das Gefäß eingraviert sein. Der Onkel meiner Freundin hämmerte mit Hilfe eines spitzen Nagels meinen Vor- und Familiennamen in den Topf und in den Deckel ein. Es war ein ovaler Blechnapf, ca. 20 cm hoch und 10 cm breit. Im oberen Drittel des Napfes waren zwei kleine Nasen angebracht, auf der eine kleine Schale lag. Voller Stolz trugen meine Freundin Rosmarie und ich diese neue Errungenschaft in die Schule. Wir stellten unsere Behälter auf einen Tisch. Manche hatten auch größere Töpfe. In der Pause sollten wir unsere Schulspeisung bekommen, auf die wir alle schon sehr gespannt warteten. Wir freuten uns riesig, als wir ein hellbraunes, warmes, süßes Getränk bekamen. Das war mein erster Kakao, dazu gab es eine Semmel.

Semmeln aßen in unserem Marktflecken nur die „besseren Leute“ und zu denen gehörten meine Freundinnen und meine Familie nicht. Ja, einige meiner Schulkameradinnen bekamen schon zum Frühstück Semmeln mit Butter, Marmelade oder Honig. Weil wir diese Herrlichkeiten nicht kannten, stellten wir Schulspeisungs-Empfänger fest: Semmeln schmecken uns nicht! Sie schmeckten tranig, ranzig und rochen ganz übel. Aber der Kakao fand unsere ungeteilte Zustimmung. Die Semmeln trugen wir ganz brav nach Hause. Unsere Mütter hatten ja auch nichts und sie sollten auch in den Genuss der Backwaren kommen. Aber auch denen schmeckten die Semmeln nicht. Mein kleiner Bruder, ebenso ausgehungert und Semmelessen ungewohnt wie ich, verschlang sie jedoch in Windeseile. Damit wir unterernährten Kinder Lebertran essen, wurde dieser in die Semmeln eingebacken. Jahrelang habe ich diese Brotart verschmäht. Als ich viele Jahre später meiner Tochter den Lebertran „Sanostol“ in der Falsche geben sollte, konnte ich es nicht. Mir wurde es schon bei dem Gedanken an den Lebertran während meiner Kindheit übel und es würgte mich so, dass mein Mann die Sanostol-Gabe übernahm. Sanostol war allerdings mit unserem Lebertran aus den Nachkriegsjahren nicht vergleichbar, denn er hatte Geschmackszutaten. Und trotzdem ekelt es mich auch heute noch bei dem Gedanken daran.

Für uns Kinder war die Schulspeisung 1947 bis 1954 lebensnotwendig. So lernten wir Nudeln mit Tomatensoße und Reis mit Bratensoße kennen. Nur an Fleischzutaten erinnere ich mich nicht! Manchmal war das Essen sehr gut; aber meistens wenig. Meine Mutter sagte dann immer: „Hunger ist der beste Koch.“ Nur sobald wir etwas vom Lebertran bemerkten, versagte auch der beste Koch!

Karin Probst

Eine Joppe für meinen Großvater

In den Nachkriegsjahren waren wir alle sehr arm. Es waren die Jahre 1946/1947. Wir hatten sehr wenig zum Anziehen. Damals bekamen wir von der amerikanischen Besatzung Wolldecken, kratzige, graue, dicke Ungetüme. Aus diesen Decken konnte man auch Jacken nähen, die länger waren, als normale Sakkos und kürzer als Mäntel. Heute würde man sagen, dreiviertellang. Für meinen Großvater wurde also eine Joppe gefertigt.

Meine Großeltern hatten mit der Zeit Adressen heimatvertriebener Freunde erfahren. Unter ihnen war auch ein Schneider, Onkel Paul oder kurz „Paule" genannt. Eines Tages kam er zu uns nach Viechtach im Bayerischen Wald. Ein kleiner und schmächtiger, blasser Mann mit schwarzen Haaren, immer lustig und gut aufgelegt. Er hatte wunderschöne Hände – und einen Buckel. Wenn er neben mir herging, war er nicht viel größer als ich mit meinen acht Jahren. Besagter Onkel nähte wochenlang Joppen aus Wolldecken. Erst für meinen Großvater, dann für die Bauern in der Umgebung. Er war viel unterwegs. Manche Leute besaßen noch ihre Nähmaschinen.

So verdiente er sich nicht nur Brot, Butter und Speck, sondern er bekam auch Geld für seine Arbeit. Sogar ein Paar Schuhe hatte er mitgebracht, als er wieder in die Wohnung zu meinen Großeltern zurückkam. Es wurde viel getauscht in dieser Zeit. Man bezahlte mit dem, was man gerade entbehren konnte. Die meisten Schätze hatten ja die Einheimischen. Auch wenn Arme darunter waren. Nur wir Heimatvertriebenen waren noch ärmer.

Als ich kürzlich das Wort „Joppe" hörte, fiel mir wieder Onkel Paul ein und die dicke Jacke, die er für meinen Großvater nähte.

Anne E. Flierdl

M o d e

Die Hüte meiner Tanten hatten es mir angetan; das waren noch Modelle mit Charakter: Breitrandig, extravagant, mal mit nach oben gebogener Krempe, das Gesicht umrahmend, mal weit ausladend, schmeichelnde Schatten bildend, manche verziert mit Bändern, Federn, blumenhaften Gebilden oder kurzen Schleiern, Ton in Ton, manchmal auch in farbigem Kontrast.

Einen nach dem anderen probierte ich vor dem großen Spiegel stehend in der Garderobe. Vorsichtig legte ich sie auf dem Spiegeltischchen ab. In den gedrechselten Säulen des Tischchens spiegelte sich das Licht; meine Augen blitzten vor Freude. Natürlich blieb dieses Probieren nicht unbemerkt. Schon bald sollte ich die Hüte wie in einer richtigen Modenschau der Geburtstagsgesellschaft vorführen, was ich auch gerne tat.

Ach, diese Gesellschaften! Meistens fanden sie zu den Geburtstagen meiner Eltern, im Januar und April statt; dann noch einmal im Herbst, zum Namenstag meiner Mutter, an Elisabeth von Thüringen, im November. Die Gäste der älteren Generation saßen zusammen, genossen Speis' und Trank und unterhielten sich.

Irgendwann wurden uns Jugendlichen die Gespräche zu wenig interessant und wir sannen, was wir anstellen könnten, um die Gesellschaft auf unsere Weise zu unterhalten. Es galt zum Beispiel die Wette, eine auf dem Stuhl sitzende Person zu zweit, nur mit jeweils zwei Fingern beider Hände hochzuheben. Das klang so unglaublich, dass wir jedes Mal die Wette gewannen. Feierlich stellten wir einen Stuhl gut sichtbar auf; ließen eine Person darauf Platz nehmen und hoben zu zweit oder zu viert nur mit jeweils ausgestreckten Zeige- und Mittelfingern den Stuhl samt der darauf sitzenden Person hoch. Staunend nahm die Gesellschaft das Ergebnis wahr und wir hatten wieder einmal die Wette gewonnen.

Seltsamerweise wurde dieser Trick noch mehr bestaunt, wenn wir die Person allein, also ohne Stuhl, unter Achseln und in Kniekehlen untergehakt, hochhoben.

Eine meiner Glanznummern bei diesen Darbietungen war der „Schwertschlucker". Einer meiner Brüder hatte dieses Kunststück irgendwo gesehen, daheim geübt und ich hatte es dann übernommen. Dazu brauchte ich ein Bettuch, das locker umgehängt wurde. Das furchterregende „Schwert" war eine Machete, deren Herkunft total im Dunkeln lag. Die Kunst, das „Schwert" zu schlucken bestand eigentlich darin, sich mit wehendem Bettuch und nach hinten gebeugter Haltung so zum Publikum zu stellen, dass man das Schwert an der nicht sichtbaren Seite neben dem Mund vorbei schob. Aus der Sicht der Betrachter schien das Schwert wirklich geschluckt zu werden.

Meistens ging diese Vorführung nicht regungslos an den Zusehenden vorüber. Außer einem staunenden „Ah" und „Oh" war manchmal auch ein eher ungläubiges „Na, na, na" zu hören. Während die Herren der Gesellschaft meinem Kunststück eher gelassen zuschauten, waren die Reaktionen der Damen meistens temperamentvoller.
Langsam, so als sei es die größte und gefährlichste Anstrengung, schluckte ich das „Schwert" – wenigstens schien es so aus der Sicht der Betrachtenden.

In ihrer trockenen, pragmatischen Art meinte Tante Aenny zwischendurch nur: „Na, ist sie bald fertig?"
Sehr viel aufgeregter reagierte da schon Tante Mimi. Mittendrin rief sie: „Hör auf – um Gottes Willen Anne, hör auf!"
Nun, ich brachte mein Kunststück zu Ende und nahm mit gebührenden Verneigungen den Applaus entgegen. Noch immer konnte Tante Mimi sich nicht beruhigen. Ihre dunklen Augen blitzten und kullerten aufgeregt hin und her.
„Ist dir auch wirklich nichts passiert?"
Erst, als ich zu ihr ging und sie sanft umarmte, seufzte sie:
„Ach, Anne!"

Hubertus Wild

Rot gegen Grün

In München war Sommer. Wieder einmal ein richtiger, affenheißer Sommer. Die Kinder hatten Klapperl an den Füßen und die Rentner Bierschaum im Schnauzbart. Weil's Sommer war.
Der Student stieg in die hellbeige Offiziershose der US-Army, die er auf der Möhlstraße eingehandelt hatte. Dazu zog er sich das knallrote Trikothemd, eines von fünfen, welche die reichen Verwandten aus den USA geschickt hatten, über die magere Figur, packte die Aktentasche und radelte zur Universität.
Der Weg führte am Ungererbad vorbei. Er radelte rascher, schaute bewusst nicht dorthin, um nicht schwach zu werden beim Gedanken an Baden, braune Haut und Badenixen. Er musste in die Uni zur Nachmittagsvorlesung. Prüfungsfächer schwänzt keiner, das war klar. Erst recht nicht die Jagdkunde-Vorlesung. Also radelte er entschlossen weiter.

Der Hörsaal, dem die Bomben einen verkleinerten, dunklen, brettervernagelten Zuschnitt verpasst hatten, war gesteckt voll. Selbst die Fensterbänke waren belegt. Nur die erste Reihe zeigte noch Lücken. Da saßen sonst die Streber und die Behinderten. Doch dieses Mal war die wackelige Bankreihe nicht voll besetzt. Schon hatte der Student dort einen Platz gefunden und wartete auf den Herrn Professor. Den mit den drei Doktor-Titeln, auf die dieser besonderen Wert legte; sicher deshalb, weil er so gschert Bayerisch sprach, dass ihn die Franken, Pfälzer und noch ferneren Kommilitonen nur schwer verstanden.

Herr Dr. Dr. Dr. erschien in graugrünem Loden, gefolgt von zwei Assistenten, die für die anstehende Jagdkunde-Vorlesung Rehgehörne aller Art mitschleppten. Der Haufen dieser Trophäen türmte sich rasch auf dem zweckentfremdeten Waschbecken.
Der Herr Professor baute sich in ganzer, nicht zu übersehender Leibesfülle hinter dem Katheder auf, blickte wichtig in die Runde, stutzte ... und schwieg. Er starrte wie gebannt auf den Studenten in der ersten Reihe. Wagte doch da einer in die waldesdüstere, geheimnisumwitterte und mitunter brünstige Jagdkunde, in seine einmalige Vorlesung im

Aufzug eines Gigolos, eines Rockers oder gar eines Schwarzhändlers zu kommen. Herr Dr. Dr. Dr. räusperte sich überlaut, trat einen Schritt hinter seiner kathedralen Festung hervor, direkt vor das junge Rothemd und verkündete: „Eigentlich wollte ich heute, kurz vor Beginn der Brunftzeit des Rehwildes, also kurz vor Aufgang der Schusszeit für den roten Bock, über unser edles Rehwild, über die Hohe Zeit des Rehwildes reden. Ich ändere mein Vorhaben. Ich werde heute – aus gegebenem Anlass – über die dezente Kleidung des Jägers, seine Tarnung in einem standesgemäßen Gewand, seine Camouflage in der Natur sprechen. Von der gedeckt farbigen Unterhose bis zum moosgrünen Taschentuch!" Herr Dr. Dr. Dr. trat noch näher an den leuchtend roten Jüngling heran, der vor Verlegenheit dunkelrot angelaufen war, und fragte: „Ham's überhaupt oa Schneitzticherl dabei oder rotzen's durch die Finger? Ha? Sie Gischpel Sie?" Er bekam keine Antwort. Dann legte der Herr Dr. Dr. Dr. los. Er erklärte ausführlich das eingeschränkte Farb-Sehvermögen der Wildtiere und die daraus für den Jäger abgeleiteten günstigsten Farbkombinationen für die zweckmäßige Kleidung. Er schwelgte in grün, oliv, grau, im Mimikry und in Erdfarben. Er erläuterte die Vorzüge der winterlichen Pirsch auf Gams oder den Marsch zu den Karibu-Herden. Es wurde die farbloseste Vorlesung, die der Student gehört hatte. Voller Sehnsucht dachte er an das Ungererbad, wo sein rotes Hemd heute auch dort noch zu viel gewesen wäre, wie beim dreifachen Doktor.

Zur Prüfung im folgenden Wintersemester erschien der Student vor dem dreifach promovierten Herrn Professor im grüngrauen Lodenanzug, mit der dezenten grünen Weste und der Grandelnadel auf der schwarzen Krawatte. Die weiße Unterwäsche trug er sorgsam verdeckt unter dem graugrünen Hemd und den gräulichen Socken. Die zur Prüfung von den älteren Studenten empfohlenen Gummistiefel hatte er nicht angelegt. Er trug den schwarzen Haferlschuh vom Jagdausstatter Hubertus. Er hatte das Paar vor seinem Freund Anton ausgeliehen, obwohl es ihn gewaltig zwickte.

Die Note „gut" war ihm sicher.

Anne E. Flierdl

Vergessen

Ein kleiner, gelber Zettel –
etwas notieren,
damit ich es nicht vergesse.

Ein Briefbogen –
jemandem schreiben,
damit er mich nicht vergisst.

Ein Heft –
etwas hineinschreiben,
das ich nicht vergessen möchte.

Ein Computer –
schreiben, schreiben, schreiben,
weil ich es sonst vergesse.

Ein Buch –
darin steht geschrieben:
Wann werde ich vergessen sein?

Rita Veras

Die Tätowierung

Die Diskussion während des Abendessens wurde immer heftiger. „Was hast du nur gegen Wolfgang, er ist und bleibt mein Freund, auch wenn du ihn nicht leiden kannst", sagte Fred. „Mein Gott, ein junger Mann – und hat die Arme vollgepinselt mit Zeichen und Bildern. Schrecklich und dumm finde ich das", sagte die Mutter. „Warum, Geschmäcker sind eben verschieden", mischte sich Ines ein, „lass ihn doch, er ist noch jung." „Nein", sagte die Mutter, „gerade deswegen. Er ist siebzehn und was ist in zehn Jahren? Der Umgang mit Wolfgang ..."
Fred fiel ihr ins Wort, „damit du es weißt, ich lass mir auch den rechten Unterarm tätowieren, ob es dir passt oder nicht."

Ines sah, wie die Hände der Mutter zitterten, als sie sagte: „Keine Tätowierung, nicht bei uns, nicht auf den Armen meiner Kinder." Sie stand auf und ging aus dem Zimmer. „Jetzt läuft sie wieder ohne Erklärung weg, immer rennt sie weg oder schweigt", murmelte Ines. „Verstehe ich nicht", sagte Fred „unsere Mutter hat am linken Unterarm diese hässliche Narbe, wenn sie sich darüber ein Tatoo machen ließe, das wäre doch ..." Er verstummte, die Mutter war zurück gekommen und legte wortlos ein Bild auf den Tisch. Darauf war eine junge Frau zu sehen, die mit dem Finger auf ihren linken Arm zeigt. Man sah auf dem linken Unterarm eine fünfstellige Zahl tätowiert. Die junge Frau auf dem Bild war seine Mutter. Das hatte er nicht gewusst, nicht, dass unter der Narbe früher Ziffern waren. Warum konnte sie nie mit ihm und seiner Schwester darüber reden? Warum hatte Vater geschwiegen?
In Wolfgangs Familie war das anders. Die erzählten Geschichten von früher, wie das alles war, wie sie die Front erlebt hatten, wie die amerikanischen Besatzer Kinder und Frauen verwöhnt hatten und oft wurde darüber gelacht.

Fred nahm das Bild in beide Hände, sah seiner Mutter fest in die Augen „setz dich", sagte er, „erzähl, fang endlich an zu sprechen!"

Ursel Andorfer

Im Feuersturm

Mitten in der Nacht wachte ich auf. Ob es am Vollmond lag? Der Himmel war dunkel und bedrohlich, fast schwarz. Plötzlich begriff ich es:

Ich war dabei!
Mit meiner Mutter.
Mit meiner Hamburger Oma.
Mitten drin – im Feuersturm.
„Mitten mang" – sagte sie.

Am Vorabend hatte ich in einer Fernsehsendung des NDR eine lichterloh brennende Stadt gesehen und sofort gewusst:
„Das ist Hamburg"!
Es waren historische Filmaufnahmen – von Amateuren im 2. Weltkrieg aufgenommen – unscharf und verwackelt.
Ich nahm die Bilder nur verschwommen wahr. Auf dem Tisch neben dem Fernseher lagen Briefpapier und Bleistift. Ohne über den Sinn meines Tuns nachzudenken, schrieb ich den Fernsehkommentar mit:

- Die Royal Airforce der Briten wollte Hamburg, die zweitgrößte Stadt Deutschlands, dem Erdboden gleich machen.
- Vom 25. Juli bis 3. August 1943 warfen etwa 3000 britische und amerikanische Flugzeuge Bomben ab.
- Die britische Luftwaffe nannte diese Bombenangriffe „Operation Gomorrha."
- Menschen verbrannten auf den Straßen oder erstickten in den Luftschutzkellern.
- Die Feuerwehrmänner kämpften einen fast aussichtslosen Kampf mit der Glut in den gespenstischen Straßenschluchten.

Die Amateurfilme waren zu Ende. Es folgten Gespräche mit Zeitzeugen, die erzählten, was sie beim Feuersturm erlebt hatten. Für mich gab es nur einen einzigen Ausweg aus dem Feuersturm. Ich griff wieder nach dem Bleistift wie nach einem Rettungsanker.

„Um uns herum stürzten Häuserwände zusammen und begruben die Menschen unter den Trümmern. Kinder wollten zu ihren Eltern oder Geschwistern über die Straße laufen. Verzweifelt reckten sie die Arme zum Himmel, der brennende Asphalt klebte an ihren Fußsohlen, sie versanken in der glühenden Masse."

Ich musste die Augen schließen, weil ich die furchtbaren Bilder nicht länger ertragen konnte. Aber sofort drang der Feuersturm nicht nur in die Ohren, sondern auch durch die Nasenlöcher in mich hinein. Der Geruch von brennendem Teer und beißendem Qualm nahm mir die Luft um Atmen. Ich begann zu husten. Die Angst, im Flammenmeer ertrinken zu müssen, schnürte mir die Kehle zu.

Ich öffnete die brennenden Augen, schaltete den Fernseher aus und starrte auf die dunkle Mattscheibe. Woher kamen denn jetzt noch die Bilder mit brennenden Häusern und Menschen? Plötzlich weiß ich es: aus dem Mund einer Frau. Ganz deutlich sehe ich sie vor mir – meine Mutter ... Wie zu einer Salzsäule erstarrt sitzt sie da. Die schreckgeweiteten Augen blicken ins Leere. In ihrem Gesicht zuckt es. Dann verkrampfen sich ihre Hände, und sie flüstert:

„Überall brennt es ... Überall sehe ich Feuer ...
Überall sind Flammen ..."

Eine andere Frau, meine Hamburger Großmutter, streicht ihr über das Haar: „Komm, Zenta, steh auf. Es brennt kein Feuer mehr."
Da nimmt mich meine Mutter auf den Arm; ich bin gerade zwölf Monate. Oma Mariechen greift nach der Einkaufstasche:
„Lass uns zur Alster gehen – an die frische Luft." - - -

Ein Windstoß fegte die eng beschriebenen Blätter vom Tisch. Ich schloss das Fenster. Die Lichter des Münchner Fernsehturms holten mich in die Gegenwart zurück. Der Feuersturm war vorbei – nach über sechzig Jahren!

Christiane Schäfer

Fast vergessene Steine

Zu Füßen der Kreidefelsen auf Rügen,
da sieht man sie massenweise liegen.
Meistens ganz schwarz mit drumherum Weiß,
wirken sie eingehüllt wie Kohlen in Eis.

Unsere Vorfahren wussten genau wie es geht,
wie durch Reiben der Steine das Feuer entsteht.
Die Menschen von heute haben das vergessen,
sind eher von Elektronik und Streichholz besessen.

Nur manchmal sucht ein alter Wanderer am Strand
einen besonderen Stein, ‚Hühnergott' genannt.
Den legt er den Hühnern in die Nester bevor sie einwintern
und denkt sich „denen mache ich Feuer unter den Hintern".

Anne E. Flierdl

Hestia

Ich bin Hestia
die Göttin des häuslichen Herdes,
der dank des Feuers
aus der Werkstatt des Hephaistos
seine Glut entwickelt.

Als erstgeborene Tochter
stamme ich aus dem Hause
des Kronos und der Rhea.
Zeus, der dem edlen Nektar zuspricht,
ist mein Bruder.

Poseidon und auch Apollo
baten um meine Hand.
Doch galt meine an Zeus
gewandte Bitte,
meine Reinheit zu schützen.

So ward mir ein stilles Leben
auf dem Olymp beschert,
ein Platz eigens für mich,
weitab jeglicher Abenteuer,
als Göttin des häuslichen Friedens.

Wenn Ihr mich sucht,
schaut in Euer eigenes Rund;
dort ist Zeit und Raum
bei nie erlöschendem Feuer
den Frieden zu wahren.

Josefine Günther

Feuer am Narzissenweg

Als die Feuerwehr benachrichtigt wurde, war es zu spät. Das alte, kleine Haus am Ende des Narzissenwegs war völlig abgebrannt.

Die Einbahnstraße mit den weit auseinander liegenden Ein- und Zweifamilienhäusern war eine ruhige, idyllische Straße. Narzissenweg, besser hätte man sie nicht benennen können mit den hübschen Gärten voller Blumen und Hecken und dem gepflegten Rasen auf jedem Grundstück.

Dass überhaupt jemand schließlich das Feuer am Ende der Straße bemerkte, war purer Zufall. Das Häuschen stand nach einer Wegbiegung am Waldrand, hinter hohen Tannen und dichtem Wacholdergestrüpp. Es war Herr Bertram, der zu so später oder besser früher Stunde, ganz gegen seine Gewohnheit und der der übrigen Anwohnerschaft am Narzissenweg, nach Hause kam. Eine verspätete Landung seines Flugzeugs zwang ihn, um 2 Uhr nachts den Heimweg nach Engelsbach mit dem Auto zurückzulegen.

Schon als er den Marktplatz in Richtung Waldviertel überquerte, fiel ihm der Feuerschein über der Siedlung auf. Er fuhr so schnell er konnte, verständigte per Autotelefon die Feuerwehr. Am Unglücksort angelangt, hörte er nur noch, wie die Dachbalken auf den Boden nieder krachten. Alles war verbrannt. – Kein Eingang, kein Fenster – alles Glas zerborsten. Rauch drang ihm in Mund und Augen. Er schlug den Schal vors Gesicht, dachte, dass er doch irgend etwas tun müsse. Die alte Frau Werfel, sie musste im Haus gewesen sein. Sie war in letzter Zeit nicht mehr gut auf den Beinen. Jeden Tag kam ein Pflegedienst, der sie versorgte und das Essen brachte. Hilflos stand Bertram vor der sengenden Feuerwand.

Innerhalb von fünf Minuten war die Feuerwehr da; die Männer taten, was sie tun mussten, mit Routine. Jeder Handgriff saß. Ein starker Wasserstrahl stürzte sich auf die lodernden Flammen, zwang sie zurück, bis sie in Dampf und Rauch erstickten.

Nichts mehr zu machen. „Wer hat hier gewohnt, haben Sie etwas gehört?“ fragte der Chef der Feuerwehr Herrn Bertram. „Ich habe nichts gehört; alles brannte lichterloh. Frau Werfel, die alte Frau Werfel hat hier gewohnt.“ „Allein?“ – „Ja, soviel ich weiß“, antwortete Herr Bertram. „Bitte kommen Sie morgen früh auf die Wache“, bat ein Kommissar. „Fürs Protokoll.“ – „Ja, selbstverständlich.“

Herr Bertram stieg in seinen Wagen und fuhr zu seiner Villa zurück, vorbei an den ruhigen gepflegten Häusern, aus denen jetzt doch hier und da ein paar Leute traten, die vom ungewohnten Lärm wach geworden waren. Aber die meisten lagen wohlig in ihren Betten, in Dunkel gehüllt und in nächtlichem Schlaf.

Hubertus Wild

Wer ins Wasser geht ...

Ein Teichhuhn stand am Ozean
und war sichtlich verlegen.
Die Luft, sie roch nach Lebertran
und nicht nach sanftem Regen.

Das Teichhuhn rannte durch den Sand,
stürzt kühn sich in die Fluten.
Schreit auf und rettet sich an Land,
denn seine Füße bluten.

Ein Sandfloh sieht das arme Tier
und hüpft ihm auf den Schädel.
Er fragt sofort: „Was tust du hier,
du dummes Flachland-Mädel?

Das Salz, das hier im Wasser ist,
das frisst an deinen Waden.
Im Teich, wo du geboren bist,
kann Wasser dir nicht schaden!"

Das Teichhuhn schreit: „Jetzt reicht's mir doch!"
Springt hektisch in die Wellen,
treibt rücklings, mit den Beinen hoch,
durchs Meer ... zu den Seychellen.

Dort wurde es an Land gespült
umringt von Seychellesen.
Es hat sich ziemlich fremd gefühlt,
weil's dort noch nie gewesen.

„Was für ein Braten ist denn das,
der schmeckt an Feiertagen."
Schon hat es einer rasch gefasst
und dreht ihm um den Kragen.

Dann wurde es gerupft, gegart
und warm mit Reis gegessen.
Sein Teichhuhndasein aber ward
beim Essen fast vergessen.
Bis einer sagt: „Die Hühnerleich'
schmeckt nicht nach Meer, sondern nach Teich.

Josefine Günther

Die Wellenreiterin

Sie wollte allein sein, ruhig werden. Eigentlich wollte sie an gar nichts denken; aber das ging ja nicht. Sie befand sich in einer Krise. Da machten die Gedanken nicht Halt vor dem Wunsch, einen erholsamen Urlaub zu verbringen. Man sollte sich einfach fallenlassen, die Umgebung, die Eindrücke und Empfindungen so aufnehmen, wie sie kamen, ohne Wertung, ohne Hinterfragen. Und daraus, sozusagen aus der Asche, aus der erloschenen Glut der Wut und Enttäuschung würde dann Phönix steigen mit der Lösung für alle Probleme, mit einem klar umrissenen Weg in die Zukunft.

Seit zwei Tagen war sie nun hier, in einer hübschen, gemütlichen Pension direkt am Strand. Am ersten Tag war sie von Niendorf aus über das Hochufer nach Travemünde gewandert. Die See war bewegt, ein kühler Nord-Ostwind ließ die Wellen an den Felswänden brechen oder die Buchten in ständigem Hin und Zurück fluten. Ein immerwährendes Spiel, das die Sinne erfrischt und den Geist klar macht. Nach dem vorzüglichen Essen am Abend hatte sie tief und fest bis zum Morgen geschlafen – seit langer Zeit zum ersten Mal.

Heute, am dritten Tag, war die Luft mild, der Himmel aber hing grau und drückend tief. Der Spaziergang am Strand Richtung Timmendorf wurde zu anstrengend, und müde trat sie nach nicht einmal einer Stunde Fußmarsch den Rückweg an. Sie mietete einen Strandkorb, packte die Zeitung und einen Kriminalroman aus. Das Wasser plätscherte eintönig ans Ufer, bahnte sich lustlos kleine Bäche in Sandburgen und Fußabdrücke, zog sich gleich darauf wieder zurück, um erneut seinen Weg nach vorne zu suchen.

Da hatte sie es vor sich – ihr Leben – eintönig langsam sich hin- und herbewegend, kleine Ausbrüche versuchend, wieder aufgebend, zurück, immer wieder zurück. Worauf sie wartete, war eine große starke Welle, die alles Kleine und Nutzlose wegspülte, die sie mit sich fortnahm und – ja und? – sie letztlich unter sich begrub oder was? – Schluss!

Das Wasser war kalt, aber die Wellen trugen sie angenehm leicht mit der Dünung. Sie schwamm weit, mühelos; nur noch ganz klein waren die bunten Plastiktiere und Bälle am Ufer zu erkennen. Das Lärmen der Kinder war fast nicht mehr zu hören. Eine endlose Weite lag vor ihr, sie spürte die Verlockung. Aber plötzlich machte sie energisch eine Wende. Umkehren, sofort umkehren. Mit kräftigen Arm- und Beinstößen teilte sie das Wasser. –

Da war nichts mit der Welle, die sie mitnahm und auf einer wunderschönen Insel sanft ablud. Da war das Ufer, noch weit von ihr, und nur durch ihre eigenen Kräfte zu erreichen.

Hubertus Wild

Sehnsucht

Ein Wasserfloh kam auf der Bahn,
in die er war geflossen,
urplötzlich in den Wasserhahn,
der nicht so ganz geschlossen.

Der Hahn, der ließ von Zeit zu Zeit
mit einem lauten Klopfen
aus seinem Mundstück, das recht weit,
glasklare Tropfen tropfen.

Der Wasserfloh ließ sich am Rand
des Messingwerkstücks nieder
und fragte so von leichter Hand:
„Wem klopfst Du immer wieder?“

„Ach“ sagte drauf der Hahn bewegt,
„frag' nicht, weil ich sonst flenne!
Ich klopf' schon lang und unentwegt,
nach einer Wasserhenne!“

Christiane Schäfer

Sie ist's

Sie ist das erste was man braucht,
kriegt man sein Leben eingehaucht.

Sie ist's, die Vögeln verhilft zum Fliegen,
damit sie nicht am Boden liegen.

Sie ist der Inhalt in dem Ball,
damit er rund und fest und prall.

Sie ist's, die aus dem Bierfass zischt,
bevor die Putzfrau endlich wischt.

Sie ist's, die fehlt im platten Reifen,
wenn keine Pumpe ist zu greifen.

Sie ist's, nach der der Kranke ringt,
wenn seine Stimme nicht mehr klingt.

Sie ist's, die dünn in hohen Bergen,
das ist so nicht nur bei den Zwergen.

Sie ist das letzte, was wir geben,
wenn wir beenden unser Leben.

Sie trägt zu uns des Veilchens Duft,
es ist –
es ist –
es ist die Luft!

Anne E. Flierdl

Äolsharfe

so werde ich genannt –
vom Wind zum Klingen gebracht,
den Äolus mir sandte,
dem ich meinen Namen verdanke.

Im Spiel mit bewegter Luft
verschenken meine Saiten
traumhafte Töne,
die im Wind verwehen.

Mal zart und schwebend
durch ein leichtes Säuseln,
ein andermal kraftvoll,
so von hoher Macht befohlen.

Vom Bogen des Windes
geisterhaft bespielt
träume ich von Äolus –
ich – die Windharfe.

Hubertus Wild

Rachegedanken

Obersekretär Franz Zirngiebel sagte „Herein!", schaute zur Tür und schnellte aus seinem alten Bürostuhl in die Höhe. Herr Oberrat Theodor Hirsch stand in der Tür, nickte einen Gruß und trat ein. Er baute sich mit feierlichem Gesicht vor dem wartenden Zirngiebel auf und eröffnete diesem, dass dies ein ganz besonderer Augenblick im Leben eines Obersekretärs sein werde. „Sie, Herr Obersekretär, haben im Laufe ihrer über 35-jährigen Dienstzeit für den Bayerischen Staat soviel geleistet, dass Sie auf unseren Vorschlag hin den Verdienstorden der Bundesrepublik Deutschland erhalten werden. Am Dienstag in drei Wochen. Vom Herrn Minister Dr. Beierlein – Zirngiebel nahm sofort Haltung ein – persönlich überreicht."
Der Oberrat prüfte kurz die Wirkung seiner pathetischen Worte, dann fuhr er fort: „Sie wissen, dass Sie nach der Ordensverleihung ein paar Worte des Dankes sagen müssen. Also, denken Sie darüber nach! Nicht zu lange! Und ..., bitte keine Witze, das kenn' ich von Ihnen zur Genüge!" Herr Oberrat Theodor Hirsch drehte sich um und verließ grußlos das Zimmer.

Zirngiebel ließ sich in seinen Sessel fallen. „Jetzt steh' ich da, wie das Kind vorm Dreck!" War sein erster Gedanke. „Ich, einen Orden? Da hab' ich doch schon so ein paar Blechstücke aus dem letzten Krieg. Hab' nie begriffen, wofür ich die gekriegt habe. So ein „Eisernes Kreuz", als Modell für das hölzerne im Falle des Falles. Und dann noch den Platschari für „tapferes Stürmen". Wer wusste da schon, dass ich viel lieber rückwärts gestürmt wäre, getürmt wäre. Wer ahnte da schon, dass mir mehr nach zittern und heulen zu Mute war, als nach stürmen. Nur den dritten, den „schwarzen Taler", den habe ich zu recht bekommen. Dieses Blech, das amtlich „Verwundetenabzeichen" hieß, das hab' ich bezahlt. Mit Löchern in der Haut und mit einem Stück russischem Eisen im Kreuz."
Zirngiebels Erinnerungen fanden zum aktuellen Orden zurück. „ So! Jetzt also diesen Verdienstorden. Wofür soll der gut sein? Für welche Verdienste? Verdient habe ich ja ganz ordentlich so als Beamter. Anfangs recht wenig, doch jetzt auf den Torschluss hin, da reicht's für die

Werktage. Na ja, dafür habe ich ja auch gearbeitet. Alles schweigend erledigt, was mir aufgetragen wurde. Mal dieses, mal jenes, für Rote und Schwarze. Meistens zur Zufriedenheit jener, die über mir saßen. Aber das wissen die hohen Herren besser. Drum sind's wohl auf den Orden gekommen, der ihnen nichts kostet. An Stelle einer Beförderung oder Gehaltserhöhung ... einen Orden! Sauber!"

„Ja, was soll ich da sagen?" überfiel ihn der nächste Gedanke. Der Herr Obersekretär furchte die Stirn, bohrte in der Nase und dachte nach. Seine Überlegungen liefen in tausend Richtungen, ins Leere. Wieder fielen ihm seine Kriegsorden ein. „Genau!" schoss es ihm durch den Kopf, „das war es!" Und schon stopselte er Wort für Wort für seine Rede zusammen. Und er notierte:
„ Sehr geehrter Herr Staatsminister, es ist nett von Ihnen, dass Sie mir einen Orden verleihen wollen. Aber, Herr Minister, ich habe schon ein paar. Vom Krieg her. Und dabei ist auch das schwarze Verwundetenabzeichen, das man mir für die Blessuren umgehängt hat. Wenn Sie mir heute diesen Verdienstorden an die Brust heften, dann ist das wohl – so sehe ich das gerade – das Verwundetenabzeichen der Bundesrepublik Deutschland. Verliehen für all die Blessuren, die ich in meinem über 35-jährigen Beamtenleben so hinnehmen habe müssen. Er ist so eine Art Pflaster auf alle die Tritte von oben, wenn ich nicht schnell genug ‚Jawohl!' gesagt habe. Oder mehr das Pflaster über's Maul, wenn ich wagte, anderer Meinung zu sein. Ich nehm' den Orden so als ‚Heile-Heile-Segen' für alle die Rüffel, die Anpfiffe und die Tadel, die mir mancher Politiker – ob Minister oder Abgeordneter – verabreicht hat, wenn meine Ansicht, mein Vorschlag, mein Entwurf, wenn sie nicht ins Programm passten."
„Herr Staatsminister" werde ich sagen „ich danke Ihnen für die mit dem Orden mir erteilte Absolution für alle meine Fehlentscheidungen und Verfahrensfehler, die andere ausbaden mussten. Ich danke Ihnen für die so erwiesene Wiedergutmachung an meiner in über 35 Dienstjahren reichlich geschundenen Beamtenseele. Dankschön und Vergelt's Gott!"

Der Herr Obersekretär Zirngiebel lehnte sich in seinem eichenen Bürostuhl zurück wie ein Gladiator, der eben den Fuß auf den Hals seines Gegners gesetzt hatte. Erleichtert schnaufte er laut aus, mit den Worten:

„Jawohl, so werd' ich es sagen, auch wenn mir dabei die Tränen herunterlaufen!"

Er hat diese Rede nicht gehalten, obwohl ihn heute noch der Gedanke begeistert. Sie wollen wissen, weshalb er gekniffen hat? Weil er eben noch nie einer war, der das Stürmen liebte? Nein! Weil ... Fragen Sie halt seine Frau, wenn Sie es unbedingt wissen wollen!

Der Obersekretär Zirngiebel hatte seinen alten dunkelblauen Anzug angelegt, sah aus, als ginge er zur Erstkommunion. Er staunte über alle die Personen die sich da im Büro des Ministers versammelt hatten. Ziemlich nervös sagte er mit leiser, etwas zittriger Stimme: „Dankeschön, Herr Minister, für diese hohe, unverdient mir zugesprochene Auszeichnung." (Dabei schaute er auf den an seinem Revers baumelnden Orden).
„Es hat mich sehr überrascht. Ich weiß zwar, dass schon Bismarck gesagt hat, man solle den Beamten Uniformen, Titel und Orden geben, dann arbeiten sie ums halbe Geld. Aber der hat doch nicht mich gemeint. Trotzdem Dankeschön!
Bitte, Herr Minister, am Schluss möchte ich noch einen Satz sagen, der von einem polnischen Satiriker, Andrzjewsky oder so, stammt und vielleicht gerade heute passt: *‚Der Weg zu Orden ist steil, sehr steil. Darum muss er auf allen Vieren zurückgelegt werden!'"*

Obersekretär Franz Zirngiebel verneigte sich sparsam, griff zu seiner Auszeichnung, stecke sie in die Hosentasche und verließ das Ministerbüro.

Fantasie-Gebilde

Ela Paro

Perfekte Augenblicke

Als die Tür hinter mir zufiel, befand ich mich in einem quadratischen Raum, ohne Fenster. Alle vier Wände waren weiß gestrichen, doch breite schwarze Striche an allen Ecken und Rändern betonten das Quadrat. Die schwarzen Balken störten mich. Die Maltechnik erinnerte mich an anspruchslose Geometrie. Ein Lichtstrahl beleuchtete den einzigen Gegenstand, einen einfachen Holzstuhl, der nicht ganz in der Mitte des Raumes stand.

Zögernd bewegte ich mich von der Tür weg. Was sollte ich hier? Mit ein paar Schritten umrundete ich den Stuhl. Es blieb mir nichts anderes übrig, als mich hinzusetzen. Doch genau diese Handlung löste in dem Augenblick, als mein Gewicht auf der Sitzfläche ankam, technische Bewegung aus. Leises Surren war zu hören. In allen Ecken gingen Klappen auf und Lautsprecher wurden ausgefahren. Aus der Decke lösten sich Monitore und drehten und kippten so lange, bis sie in der richtigen Position waren. In den Wänden öffneten sich Luken und gedämpftes Scheinwerferlicht überflutete mich. Mit großen, staunenden Augen folge ich dieser Vervollständigung der Raumausstattung.

Alles geschah mühelos und leicht, wie auf Knopfdruck, den ich nicht sehen konnte. Der Schluss wirkte fast ein bisschen lächerlich. Aus einer Wand, aus der sich eine Schiebeklappe öffnete, die mich an eine Großkantine erinnerte, kam ein Gestell heraus. Es wurde eine dünne, schwarze Stange etwa einen Meter hoch ausgefahren und auf vier etwas dickeren, zu einer Pyramide geformten Beinen befestigt. Darauf schwebte von oben ein Mikrophon herab und platzierte sich auf der Halterung. Dann begann das Gestell zu gehen. Wie ein vierbeiniges Tier bewegte es sich auf mich zu. Aber der Gang war unsicher und wackelig, das Gestell schwankte mehrmals wie beschwipst, das Mikrophon hatte Mühe, auf der Halterung zu bleiben.

Was ging hier vor?
Wurde mit mir eine Szene gedreht, oder sollte das etwa ein Verhör sein? Blitzartig überlegte ich, wann ich das letzte Mal mit dem Auto auf der

Autobahn viel zu schnell gefahren sein könnte oder im Überholverbot einen Landschaftsgenießer schnell hinter mir gelassen habe. Ich beschloss einfach aufzustehen und zu gehen. In dem Augenblick, in dem die Sitzfläche von meinem Gewicht befreit wäre, würde wahrscheinlich die perfekte Technik andersherum genauso funktionieren und alle technischen Vorrichtungen würden, begleitet vom leisen Surren, in ihren Versenkungen wieder verschwinden.
„Halt" rief eine Männerstimme aus einem der Lautsprecher, genau in dem Moment, als ich mich erhob. „Du kannst nicht einfach gehen, wir brauchen Dich, wir haben noch ein paar Fragen an Dich."
Wir? Wer war WIR, fragte ich mich.
„Bitte setz' Dich wieder", bat eine andere Stimme höflich. Ich zögerte, aber die Neugier war zu groß und so setzte ich mich wieder hin.

Ssssmmm, hrrrr, hrrrr, die Geräusche sagten mir, dass Kameras und Monitore neu eingestellt wurden. Das Mikrophon hüpfte aufgeregt in der Halterung. Die drei Monitore blinkten auf, ihre Flächen wurden geviertelt und auf jedem Bildschirm waren je vier Herren zu sehen. Ich sah sie an und sah jedes Mal ein ähnliches Bild. Zwölf glatt rasierte Köpfe, einige unauffällige Brillen, graue Bärte, die zu den Jacketts passten, darunter weiße Hemden, unscheinbare Krawatten. Wer waren diese gleich aussehenden Herren? Wissenschaftler, Forscher, Techniker oder noch schlimmer – Gen-Manipulanten? Meine Beine zuckten, als ob sie gespannt drauf warteten, dass ich aufstehen und mich schnell zur Tür bewegen würde. Doch ich blieb wie angeklebt auf diesem schlichten Holzstuhl sitzen und starrte auf die Bildflächen.

Endlich wich das Standbild, die Kameras liefen, die Herren bewegten sich, schoben ihre Stühle zurecht, legten ihre Manuskripte ab, blickten auf, manche lächelten ins Leere. Dann hörte ich ein leises Rauschen, Knacken und endlich räusperte sich einer von ihnen und begann zu sprechen. Sie wären eine Gruppe von Wissenschaftlern, die sich seit Jahrzehnten mit Technik befassten. Sie hätten die Prozesse bis ins Detail studiert und analysiert und sie wären auf etwas gestoßen, das ihnen nun Rätsel aufgäbe. Es ginge um Gefühle. Immer wieder sind sie auf dieses Phänomen gestoßen, aber sie selbst könnten mit Gefühlen nichts anfangen. Und ich wäre vom Rechner ausgewählt worden, zu diesen Fragen Stellung zu nehmen. Es ginge darum, ob eine Person tiefere

Gefühle zur Technik entwickeln und erklären könnte. Die Gruppe wäre sehr froh darüber, dass der Zufallsgenerator eine Frau hierher geführt hätte, da Frauen warmherziger und weicher wären und bekanntlich leichter über Emotionen sprechen könnten, als Männer. Ich spürte einen leisen Hauch im Nacken und danach ein leichtes Kribbeln. Ohne Spiegel wusste ich, dass jetzt meine Augen aufblitzten und ich bemühte mich, das Lächeln, das um meine Mundwinkel zuckte, zu vermeiden. Die Herren Wissenschaftler wünschten sich, dass ich tiefe Gefühle zur Technik entwickeln würde, um ihnen diese hier und jetzt zu schildern.

„Technik" sagte ich leise, mehr zu mir selbst als zu den Monitoren und dehnte das. „Ist mit ihrer Technik, z. B. ein Staubsauger gemeint?" fragte ich scheinheilig. Einige der Herren schauten etwas befremdet, einige verzogen nachsichtig die Mundwinkel und der Sprecher sagte erklärend: „Auch – das ist Haushaltsgerätetechnik." „Und der Videorekorder?" fragte ich weiter. „Ja, das ist HiFi Technik." „Wie lässt sich ein Radargerät einordnen und eine Rakete?" wollte ich wissen. „Das erste gehört zur Messtechnik, das zweite zur Raumfahrttechnik", war die Antwort. „Aber wir wollten Ihnen ein paar Fragen stellen", kam es aus dem Lautsprecher und die Herren schienen mir etwas verunsichert.
„Später", sagte ich bestimmt, „Bevor ich hier vor ihnen über meine Gefühle spreche, möchte ich klarstellen, welche Art von Technik gemeint ist."
Fast alle Glatzköpfe nickten zustimmend. „... Techhhhhnik ...", überlegte ich weiter, „sind damit auch Pflastersteine gemeint und der Rasenmäher?" „Ja, ja, natürlich, Straßenbautechnik und Maschinentechnik." Klang das jetzt etwas ungeduldig oder bildete ich mir das nur ein?

„Noch eine Frage, bitte", sagte ich sanft, „Wie ist es mit dem Handy?"
„Kommunikationstechnik." Das war kurz und knapp. Waren die Herren Wissenschaftler etwa ungehalten oder gar verärgert? Jetzt schon, bevor ich richtig angefangen hatte? „Dann könnten sie mir jetzt die erste Frage stellen", meinte ich einlenkend.

In die Gruppe kam Bewegung, einige Herren zupften an ihren Krawatten, einige rückten die Brille zurecht und wieder andere suchten die richtige Seite in ihrem Manuskript. Der Sprecher räusperte sich. Wieso so

feierlich, fragte ich mich insgeheim? Also, die Frage lautete, ob ich mir vorstellen könnte, zur Technik ein persönliches Gefühl zu entwickeln und wie ich das beschreiben würde.
Zu meinem Staubsauger, vielleicht? Ich hatte schon einige Typen in meinem langjährigen Hausfrauenleben ausprobiert und mit ihnen allen so meine Erfahrungen gesammelt. Das derzeitige Gerät nannte sich Hund. Er folgte mir nicht, war schlecht dressiert, dickköpfig und manchmal kindisch verspielt. Versteckte sich hinter Türrahmen und Stuhlbeinen und sträubte sich so, mir in die letzte Ecke zu folgen. Immer dann, wenn ich noch schnell ein paar Brotkrümel wegsaugen wollte, wollte er nicht und beschloss, dass der Staubbeutel voll sei. Und erst seine Leine! Ich merkte, wie mir die Hitze zu Kopf stieg. Sein Kabel war grundsätzlich im Weg, wickelte sich um seine Rädchen, verknotete sich aus unerklärbarem Grund und die Wickelvorrichtung funktionierte fast nie.
Zu meinem Videorekorder hatte ich fast spirituelle Gefühle. Ich kniete mich jedes mal hin und sprach bittend und flehend, das Gerät solle mir die Videokassette wieder geben, aber nein, Gleichgültig, welche der Tasten ich drückte, die Videokassette blieb im Rekorder, wie verschluckt.

An dieser Stelle meinte der Sprecher, ich sollte mich beruhigen. Meine jetzige Gefühlssituation könnte nicht zugeordnet werden, dafür wären auf den Auswertungsbögen keine Kästchen vorgesehen. Man hätte eher an harmonische Emotionen gedacht, solche, die manchmal zwischen Mann und Frau entstehen. Harmonische Gefühle – sollte ich mich etwa in meinen Eierkocher verlieben? Ich sprang auf und drehte einige Runden um den Stuhl, dabei sprach ich laut und gestikulierte ausladend mit meinen Armen. Das Gestell mit dem Mikrophon folgte mir auf Schritt und Tritt.
Was war das für eine Technik, die beim Straßenbau eine enorme Belastung für die Anwohner darstellte? Der Staub, der Lärm und diese Walze, die es trotz des Gewichts nicht fertig brachte, die Pflastersteine so hinzurütteln, dass man nicht mit dem Stöckel zwischen den Steinen hängen blieb. Lebensgefährlich war das, von den verstauchten Knöcheln ganz zu schweigen.

„Aber gut, meine Herren, wenn Ihnen diese Technik zu gering ist, ich kann genauso gut über Raumfahrttechnik reden. Soviel mir bekannt ist, werden die komplizierten Arbeitsgänge von Computern gesteuert. Wenn diese Computer funktionieren wie mein Kasten zu Hause, dann wünsche ich Ihrem Raumfahrtprogramm viel Glück! Mein PC versucht sich seit neuestem wichtig zu machen, in dem er mir im Textprogramm Textvorschläge bringt. Ja glauben Sie, dass ich das brauche? Ich kann mich sehr gut ausdrücken und brauche so alberne Wortvorschläge nicht. Aber die Dinge, die der PC dann machen soll, die kann er nicht oder will nicht. Und zu so einer Kiste soll ich persönliche Gefühle entwickeln? Also das einzige Gefühl, das ich im Moment verspüre, ist Wut, falls dieses Wort in ihrem Auswertungsbogen aufgeführt ist, bitte ich Sie, es anzukreuzen und mit einem Ausrufungszeichen zu markieren!"

Ich umkreiste immer noch den Stuhl und war fast außer Atem. War es vom Gehen oder vom lauten Sprechen? Ein Blick auf die Monitore und ich wusste, diese Herren kannten das nicht. Dieses Gefühl, das mir die Hitze aufwallen ließ, meinem Bewegungsdrang freien Lauf ließ und mein sonst zartes Stimmchen um einige Oktaven erhöhte. Manchmal überschlug sich meine Stimme sogar, aber hier wollte ich mich beherrschen. Technik, Technik, wiederholte ich und ging flotten Schrittes in einem großen Bogen um den Stuhl. Als ich mich abrupt umdrehte und stehen blieb, fing das Gestell zu wackeln an, als ob ich es erschreckt hätte. Dieses lächerliche Ding, das mir auf Schritt und Tritt gefolgt war, wusste nicht, was es machen sollte. Da hatten wir es wieder, die Gefühle zur Technik – meine Wut schlug in Heiterkeit um!

Schon immer habe ich davon geträumt, etwas Besonderes zu haben, z. B. einen Haushaltsroboter. Manche Frauen finden zwischen Gardinenwäsche und Frühjahrsputz ihre Erfüllung. Ich dagegen, hätte gerne so ein kleines Arbeitstier, dem man die Arbeiten einmal auftrug und das dann von allein wusste, wann was zu tun war. Mein Robby konnte kochen, Kühlschrank einräumen und saubermachen, Bad blitzblank putzen, Betten lüften und überziehen, Schuhe putzen, Wäsche waschen und schrankfertig bügeln. Ja und natürlich auch staubsaugen, soll er sich doch mit diesem Hund herumärgern. Am Ende vertragen sich die beiden und arbeiten kooperativ zusammen?

Vielleicht war das hier der richtige Ort, meinen Wunsch an den Mann, bzw. an die Männer zu bringen?

Isabella Baum

Dina's Tränen

Still brütete die Steppe unter den erbarmungslosen Strahlen der Mittagssonne vor sich hin. Die alte Dina lag eng an einen Felsen geschmiegt, der schwere Kopf ruhte auf ihren Pfoten. Nach einer Weile sah sie auf und ließ den Blick in die Ferne schweifen. Etwas Trauriges und Resigniertes lag in ihren gelben Raubtieraugen, und wieder einmal hatte sie den Wunsch, zu weinen. Doch Löwinnen haben keine Tränen, sie tragen ihren Schmerz still und einsam, eben wie eine Löwin.

Dina war eine Ausgestoßene und zugleich eine Gefangene. Seit sie denken konnte, lebte sie allein. Sie mied die Gesellschaft ihrer Artgenossen genauso, wie diese sie mieden, vielleicht, weil sie fühlten, dass sie anders war als sie. Jeden Tag kämpfte sie einen einsamen Kampf ums Überleben in dieser feindlichen, gnadenlosen Umgebung. Sie fragte sich, warum sie nicht schon längst kapituliert hatte. Es war so unendlich mühsam, nach Früchten und Wurzeln zu suchen, die ihr als Nahrung dienten. Manchmal gelang es ihr auch, sich nachts in eines der Dörfer zu schleichen und etwas Milch und Eier zu stehlen, um so ihren kargen Speisezettel zu bereichern. Sie ertrug den Gedanken nicht zu töten, um selbst überleben zu können und die Vorstellung, rohes Fleisch zu verzehren, verursachte ihr Übelkeit.

Sie wusste nicht, wie lange sie schon eine Gefangene in diesem Körper war. Es schien ihr, als sei eine halbe Ewigkeit vergangen, als sie sich plötzlich am Ufer eines Flusses wiederfand und ihr aus dem Wasser das Spiegelbild eines tapsigen Löwenjungen entgegenblickte. Es hatte Tage gedauert, bis sie diesen Schock verarbeitet hatte. Nur dunkel erinnerte sie sich noch an eine andere Existenz als Menschenfrau, in der sie den Namen Dina trug.
Es verging kein Tag, an dem sie nicht verzweifelt versuchte, sich ins Gedächtnis zu rufen, wer diese Frau, Dina, war. Hatte sie eine Familie und Freunde um sich gehabt, hatte sie geliebt und gelacht oder war sie unglücklich gewesen? Aber so sehr sie sich auch bemühte, es gelang ihr niemals, sich an mehr als einzelne Bruchstücke zu erinnern, die keinen

Zusammenhang ergaben. Vor allem konnte sie keine Erklärung dafür finden, warum sie nun im Körper einer Löwin gefangen war.

Als sich der Abend über die Steppe senkte, wurde Dina plötzlich von einer seltsamen Unruhe erfasst. Sie erhob sich, streckte sich und verließ dann eilig ihren Ruheplatz. Dina lief die ganze Nacht und erst, als ein graues Dämmerlicht den neuen Tag ankündigte, ließ sie sich erschöpft im Schatten eines Baumes nieder, um zu ruhen. Auch die nächsten drei Nächte lief Dina durch die Steppe und bewegte sich auf ein unbekanntes Ziel zu, das sie zu rufen schien. Sie fraß und trank kaum, und wenn sie sich am Morgen niederlegte, um zu rasten, konnte sie sich vor Schwäche oft kaum noch auf den Beinen halten. Am Morgen des vierten Tages fand sie sich plötzlich am Rand eines seltsamen Platzes wieder. Reihen von Hügeln, aus denen kegelartige Gebilde aus Lehmziegeln ragten, lagen vor ihr. Mit einem leisen Schauer erkannte sie, dass dies ein Ort der Toten war und dass sie auf Gräber sah. In einiger Entfernung war ein armselig wirkendes Dorf zu erkennen. Zu müde, hungrig und erschöpft, um weiter darüber nachzudenken trank sie etwas Wasser aus einem halb ausgetrockneten Tümpel, legte dann den Kopf zwischen die Pfoten, schlief ein und begann zu träumen.

Mit blitzenden Schwertern umringten die Söldner-Amazonen die verängstigten Dorfbewohner. Auf ein Zeichen ihrer Anführerin, einer Frau mit langem, sandfarbenem Haar und grausamen Augen, stürmten sie auf ihre Opfer ein. Eine Stunde später zeugten nur die rauchenden Trümmer des Dorfes von dem Furchtbaren, das hier geschehen war. Die Kriegerinnen durchsuchten geschickt die zerstörten Gebäude, um sicherzustellen, dass niemand überlebt hatte. Als die Anführerin durch die Tür einer halb eingestürzten Hütte trat, war plötzlich ein schwaches Wimmern zu hören. Auf dem Boden, halb verborgen zwischen den eingestürzten Schilfmatten des Daches, lag ein alter Mann, seiner Kleidung nach offenbar der Schamane des Dorfes, der ein kleines Mädchen schützend in den Armen hielt. Auf der Stirn des Kindes war eine lange, gezackte Wunde zu erkennen, aus der Blut über das verängstigte Gesicht lief. Die Amazone hob ihr Schwert und ging auf die beiden zu, doch plötzlich richtete der Alte sich auf und sah ihr in die Augen. „Sei verflucht, Weib!“ stieß er hervor. „Noch heute werden dich die Götter zur Rechenschaft ziehen für das, was du getan hast. Von nun an sollst du so lange in einem Körper gefangen sein, der dir fremd ist und leiden, bis dein Herz aus Stein zu einem Herz aus Fleisch und Blut geworden ist. Erst wenn Tränen deine Wandlung zeigen und ein anderes Wesen Tränen um dich vergießt, sollst du erlöst sein!" In seinem Blick lag etwas so Schreckliches, dass die Kriegerin jäh erstarrte, ihr Schwert senkte und aus der Hütte floh. Zum ersten Mal in ihrem Leben verspürte sie Angst.

Das Gefühl, dass etwas Furchtbares geschehen würde, hatte sie immer noch nicht verlassen, als sie später vor dem Thron Cromacs stand. Der Tyrann, der sein Land mit eiserner Hand regierte und eine Herrschaft des Grauens errichtet hatte, war über die Grenzen seines Königsreichs hinaus verhasst und gefürchtet. Die Amazonen, die sich nun um ihn versammelt hatten, gehörten zu seinem bezahlten Söldnerheer, das dafür sorgte, dass jeder Aufruhr gegen ihn sofort im Keim erstickt wurde. Mit einem kalten Lächeln ließ der Tyrann seinen Blick über die Frauen schweifen. „Wir sind wie immer zufrieden mit unseren Dienerinnen!" sagte er mit einer hohen, näselnden Stimme. „Aufgrund dieses Exempels werden es sich die anderen Dörfer in Zukunft gut überlegen, Aufständischen Zuflucht zu gewähren! Empfangt eure verdiente Belohnung, Frauen!" Auf einen Wink von ihm traten zwei Diener mit einer schweren Kiste vor und verteilten Beutel mit Gold an die Kriegerinnen. Als sich ihre Anführerin zum Gehen wandte, rief sie der König zurück und warf ihr einen juwelengeschmückten Dolch zu. „Nimm dies als Zeichen meiner Gunst!"

Die Amazone bedankte sich mit einer Verbeugung und verließ mit den anderen Frauen den Raum. Als sie in den Gang trat, schob sich die dunkelhaarige Lhaza an sie heran und betrachtete gierig den Dolch. „Es ist nicht richtig, dass du ihn behältst!" sagte sie. „Er steht uns genauso zu wie dir, also werden wir heute Abend darum spielen, und sehen, welcher von uns das Glück hold ist!" Die anderen Frauen begannen ein zustimmendes Gemurmel. Mit einer Bewegung zog die Anführerin Lhaza an sich heran, während sie mit der anderen den Dolch aus der Scheide riss und ihn der Kriegerin an die Kehle setzte. „Wage es nicht, dich gegen mich zu stellen!" zischte sie. „Glaubst du, ich hätte nicht bemerkt, wie du ständig versuchst, gegen mich zu intrigieren? Ich warne dich nur ein einziges Mal: Untergrabe noch einmal meine Autorität, und du wirst diesen Dolch anders bekommen, als du dir vorgestellt hast, nämlich zwischen die Rippen! Und das Gleiche gilt auch für alle anderen!" Sie stieß Lhaza fort und ging davon. Die anderen Frauen trollten sich murrend, um ihren Lohn in den Schänken zu vertrinken und zu verspielen.

Ihre Anführerin suchte erschöpft ihre Herberge auf, wohl wissend, dass sie sich soeben eine Feindin geschaffen hatte, vor der sie sich in Zukunft hüten musste. Sie verschloss die Tür ihres Zimmers und legte sich aufs Bett. Trotz ihrer Müdigkeit wollte der Schlaf lange nicht kommen; ständig sah sie die Szene in der Hütte vor sich, klang ihr der Fluch des alten Schamanen in den Ohren. Erst im Morgengrauen fielen ihr die Augen zu. Plötzlich wurde sie durch ein Geräusch geweckt und richtete sich auf. Sie sah gerade noch, wie Lhaza mit hassverzerrtem Gesicht und gezogenem Schwert auf sie zustürzte. „Das Fenster!", fuhr es ihr durch den Kopf. „Ich habe vergessen, es zu schließen … ." Ihr letzter, tödlicher Fehler. Sie fühlte, wie etwas Kaltes ihren Körper durchbohrte, dann riss sie ein dunkler, fließender Strom fort. In rasendem Tempo zog ihr Leben in Bildern an ihr vorbei, und sie erkannte voller Schmerz, dass es darin nichts gegeben hatte, was gut war und worauf sie hätte stolz sein können. Dann wurde es Nacht um sie.

Mit einem gequälten Laut erwachte die alte Löwin aus ihren Albträumen. Zitternd richtete sie sich auf, denn sie hatte eben die ganze, schreckliche Wahrheit erkannt: Sie selbst war die grausame Amazone, die durch Lhazas Hand den Tod gefunden hatte. Der Fluch des Schamanen hatte sich erfüllt und auf seltsame Weise war sie nun an den Ort zurückgekehrt, an dem alles begonnen hatte. Sie hatte direkt neben dem Platz geschlafen, an denen die Menschen begraben waren, die sie und die anderen damals getötet hatten. Der Schmerz, den sie in sich fühlte, brach ihr fast das Herz. Sie bereute bitter, was sie in ihrem Leben als Mensch getan hatte, und konnte doch nichts davon rückgängig machen. Ihre Augen füllten sich mit Tränen, und sie weinte eine lange Zeit – nicht nur um die vielen Menschen, deren Leben sie genommen hatte, sondern auch um sich selbst. Sie fühlte, dass sie nicht mehr dieselbe war wie einst, niemals mehr hatte sie seitdem getötet, und doch ekelte sie sich vor dem, was sie gewesen war. Lange stand sie so da, den Kopf zum Himmel erhoben, an dem der Abend zu dämmern begann.

Plötzlich war ein ferner Schrei zu hören. Am Brunnen des Dorfes, der in einiger Entfernung von den Häusern und Hütten lag, stand eine schlanke Gestalt und blickte auf die beiden Reiter, die auf sie zustürmten. Das Mädchen, fast schon eine junge Frau, ließ ihren Krug fallen und lief davon. Johlend nahmen die beiden Soldaten ihre Verfolgung auf. An ihren Uniformen hatte Dina sie sofort als König Cromacs Schergen erkannt. Ohne nachzudenken, stürzte sie fort und rannte auf die Gruppe zu. Sie verabscheute sich für das, was sie nun tun musste, doch es gab keine andere Möglichkeit, ein unschuldiges Leben zu retten. Das Mädchen war inzwischen von seinen Verfolgern eingeholt worden, sie schwangen sich mit einem grausamen Lachen von ihren Pferden und gingen auf ihr Opfer zu. Dina sprang gerade in dem Augenblick, als einer der Soldaten mit seiner Streitaxt ausholte. Der Scherge sah plötzlich das Gesicht einer Löwin direkt vor dem seinen, dann wurde es dunkel um ihn. Dina drehte sich hastig um und sah einen Speer auf sich zukommen. Es war zu spät, um ihm auszuweichen, und sie fasste im Bruchteil einer Sekunde einen Entschluss. Sie sprang erneut nach vorn, und während der Speer sie durchbohrte, riss sie mit ihren Pranken den zweiten Soldaten zu Boden.

Ein brennender Schmerz breitete sich in ihrem Körper aus, und sie fühlte, wie das Leben aus ihr herausströmte. Aus der Ferne waren Stimmen zu hören, die immer näher kamen. Plötzlich wurde ihr Kopf angehoben und auf etwas Weiches gebettet, sie spürte die Wärme eines menschlichen Körpers, während sanfte Hände durch ihr Fell strichen. Mühsam öffnete Dina die Augen und sah wie durch einen roten Nebel das tränenüberströmte Gesicht des Mädchens, das sich über sie beugte. „Sie weint um mich!" dachte sich Dina verwundert, als ein zweites Gesicht über ihr erschien – das eines sehr alten Mannes mit schlohweißem Haar. „Sie hat mich gerettet!", sagte das Mädchen schluchzend zu ihm. In diesem Augenblick bemerkte Dina die gezackte Narbe an der Stirn des Mädchens, während sie gleichzeitig in dem Greis den alten Schamanen wiedererkannte, der sie einst verflucht hatte. ‚So schließt sich der Kreis!' ging es Dina durch den Kopf. ‚Vielleicht war ein einziges Mal mein Leben nicht ganz umsonst!' Der Alte schien ihre Gedanken zu erraten, denn er legte eine kühle Hand auf ihre Stirn. „Es ist gut, Dina!" sagte er mit leiser, gütiger Stimme. „Die Zeit deines Leidens ist vorbei, dir wurde verziehen. Gehe nun ins Licht und in ein besseres Leben!" In der Löwin breitete sich ein wunderbares Gefühl der Ruhe aus, sie schloss die Augen und ließ sich forttragen von einem Strom aus Licht an einen Ort, an dem alles hell und Freude war und an dem es keine Schmerzen mehr gab. Gütige Wesen erwarteten sie dort, nahmen sich ihrer an und Dina hatte das Gefühl, endlich nach Hause gekommen zu sein und geliebt zu werden. Nicht länger war sie im Körper einer Löwin oder einer Menschenfrau gefangen, sie war selbst zu einem Lichtwesen geworden, fühlte ein Glück, wie sie es nie zuvor gekannt hatte …

Noch einmal drehte sie sich um und sah durch das Tor aus Licht, durch das sie gekommen war. Sie sah, wie weit weg von hier der alte Schamane dem jungen Mädchen, das noch immer weinend den Kopf der toten Löwin liebkoste, eine Geschichte erzählte – ihre Geschichte. Sie sah, wie Jahre später das Mädchen zu einer weisen, gerechten Frau wurde, die viele Anhänger um sich scharte und mit ihnen zusammen den grausamen König Cromac von seinem Thron stürzte, um dann seine Stelle einzunehmen. Unter der Regentschaft der gütigen, klugen Monarchin, die eine Löwin in ihrem Wappen führte, erblühte das Land und ein goldenes Zeitalter des Friedens begann.

Dina verstand, dass große Dinge oft im Kleinen beginnen, und dass Gutes stets Gutes nach sich zieht und Schlechtes stets Schlechtes. In einem Gefühl reinen Glücks wandte sie sich um und ging auf das strahlende Licht zu, das den Mittelpunkt des wundervollen Ortes bildete, an dem sie sich nun befand und von dem sie für immer ein Teil sein würde.

Gabriele Rohrmeier

So könnte es gewesen sein

Liebster Freund,
gerade bin ich in Weimar angekommen und wurde bei Frau von Stein zum Essen eingeladen. Die Zeit meines derzeitigen Aufenthalts ist äußerst begrenzt. Frankfurt will mir, bzw. meinen „Räubern" die Ehre erweisen. Ich soll mit der Ehrenbürgerwürde bedacht werden. Zudem habe ich eine Empfehlung für Prag erhalten. Zurzeit fühle ich mich nicht ganz gesund. Der Magen! Wie mir Frau von Stein mitteilte, weilst Du schon seit längerem in Italien. Wann gedenkst Du Deinen Aufenthalt zu beenden? Sollte ich Dich nicht antreffen, so bedenke, auch Frankfurt ist eine Reise wert. Ich werde veranlassen, dass bei Deinem Besuch die von Dir so gerne gegessene „Grüne Soße" aufgetischt wird.

Italien ist zwar wärmer als Frankfurt, aber immer nur Pasta und Pizza wären nichts für mich. Damit habe ich Dir die Erklärung für mein Desinteresse an dem „Land, wo die Zitronen blühen" kundgetan. In letzter Zeit war ich sehr fleißig. Was gibt es von Dir Neues? Die Ballade der Glocke und des Tauchers habe ich fertig. Es bleibt abzuwarten, ob sich ein Verleger dafür findet. Meine Räuber haben sehr großen Anklang gefunden. Immer wieder wird nach einem solchen Stück gefragt. Deinen Werther habe nicht nur ich verschlungen. Hermann und Dorothea sind Dir zwar auch sehr gut gelungen; allerdings findet es beim Publikum nicht die gleiche Resonanz wie der Werther. Bei uns in Frankfurt haben sich sehr viele Liebende das Leben genommen. Gott weiß warum. So furchtbar traurig ist diese Liebesgeschichte doch auch wieder nicht. Von Lessing gibt es außer seiner „Minna von Barnhelm" nichts Neues. Soweit ich gehört habe, ärgert er sich gerade mit dem „Kaufmann von Venedig" herum. Ich trage mich mit dem Gedanken, ein Stück zu verfassen, das die Schweiz als Schauplatz hat. Wahrscheinlich gebe ich dem Stück den Namen des Helden vom Kanton Uri „Wilhelm Tell". Mit der „Agnes Bernauer" habe ich angefangen, komme aber nicht recht weiter. Das ist eine wahre Geschichte über eine Augsburger Baderstochter, die sich im 15. Jh. in Straubing zugetragen hat. Habe den Kopf voller Ideen, aber wenn ich zur Feder greife, scheint alles verflogen.

Nun lieber Freund, werde ich zu Frau von Stein gehen. Mal hören, was die Weimarer Gesellschaft zu berichten weiß. Derzeit drehen sich die Gespräche, auch in Frankfurt, um Christian August Vulpius, den Bruder der schönen Christiane, die Du vielleicht nach Rückkehr aus Italien noch kennen lernen wirst. Christiane könnte Dir eine gute Frau und Gefährtin sein; aber in Frau von Stein würde sie eine erbitterte Rivalin haben. Weimar ist und bleibt halt auch so ein Provinznest, in dem immer geratscht und getratscht wird, was das Zeug hält. Lieber Freund, glaube aber jetzt nicht, dass es in Frankfurt besser wäre. Dasselbe in Grün sage ich Dir! Jeder weiß etwas über den anderen, ob es stimmt oder nicht ist Nebensache. Ist der Ruf erst ruiniert, lebt sich's gänzlich ungeniert. Ich könnte mir vorstellen, dass eine Dissonanz der beiden Frauen auch hier in Frankfurt ein Hauptgesprächsthema würde. Christian August Vulpius schreibt vor allem Ritter- und Schauerromane. Sein „Rinaldo Rinaldini", mit dem edlen Räuberhauptmann, wird von vielen gelesen und hoch gelobt.

Komme gerade vom Abendmahl zurück. Habe dort sehr viele Bekannte, die nur meinetwegen eingeladen waren, angetroffen. Frau Bettina von Arnim lässt Dich schön grüßen. Auch sie war sehr enttäuscht, dass Du nicht in Weimar weilst. Sie berichtete mir, dass sich Viktor von Scheffel ebenfalls mit einer Baderstochter aus Augsburg herumplagt. Ich werde ihm den Stoff überlassen. Außerdem erzählte man mir, Sie hätte mit Wagner in Rom Kontakt gehabt. Ich meine den Kunstagenten Seiner Majestät Ludwig I. von Bayern, der angeblich alles aufkauft, was in Italien nicht niet- und nagelfest ist. Wagner, dieser raffinierte Mensch, schafft es immer wieder, die Engländer auszutricksen. Ludwig I. wollte unbedingt den „Faun" von Barbarino haben. Wagner schaffte es mit einer List, diesen über England, man stelle sich diese Dreistigkeit vor, nach München zu schaffen! Haben Sie auch den Hofmedicus Ringseis und all die anderen des Zirkels um seine Majestät Ludwig I. in Rom angetroffen? Der Briefwechsel zwischen Seiner Majestät und Wagner soll ja immens sein, wie allgemein berichtet wird.

Werde jetzt noch rasch vom „Storchen", wo ich wieder Quartier genommen habe, noch ein klein wenig spazieren gehen. Frau Vulpius will ich noch einen Besuch abstatten, weiß nur noch nicht, wann. Für übermorgen ist meine Abreise geplant. Mal sehen, ob ich eine Kutsche bekomme. Zur Kurfürstin Amalie-Dorothea komme ich dieses Mal nicht, da sie zur Kur in Bad Kissingen weilt.

Auf Wiedersehen, lieber Freund, lasse bald etwas von Dir hören, lesen oder besser, Dich sehen!

Dein Friedrich von Schiller

Isabella Baum

Sternensilber

Ich bin Cassandra mit dem goldenen Haar, und ich trage die Last der Welt auf meinen Schultern. Heute ist der Tag der Sommer-Sonnenwende – Litha, wie in längst vergangenen Zeiten unsere keltischen Vorfahren dieses heilige Fest bezeichneten. Wird sich der endlose, glühend heiße Sommer wenden, wenn diese Nacht vorüber ist? Oder werden sich weitere unendlich lange, quälende Tage wie ein bleierner Faden durch Wochen und Monate ziehen?

In dem kleinen Raum ist es unerträglich heiß. Müde und erschöpft presse ich meine Stirn an das kühle Glas des kleinen Fensters. Warum bin ich heute hier, in diesem uralten Turm mitten auf einer einsamen Waldlichtung? Was trieb mich dazu? Ich finde keine Erklärung dafür, weiß nur, dass etwas Schweres auf mich wartet und dass ich meiner Bestimmung folgen muss. Noch immer sehe ich die erstaunten Gesichter meiner Gefährtinnen vor mir, als ich ihnen mitteilte, dass ich Litha dieses Mal allein feiern müsste. Nicht, dass sie meine Entscheidung in Frage gestellt hätten, sie wissen, dass ich niemals etwas ohne Grund tue. Wir alle vertrauen uns bedingungslos. Die kleine Gemeinschaft der Priesterinnen des alten Glaubens, der ich vorstehe, ist für ihre Mitglieder wie eine Insel in dieser lauten, kalten und grausamen Welt, in der nur noch das Recht des Stärkeren zu zählen scheint. Wir haben es uns zur Aufgabe gemacht, die Dunkelheit, die mit ihren eisigen Klauen diese Erde immer mehr umklammert, zu bekämpfen und den Menschen das Licht und die Liebe zurückzubringen. Manchmal scheint unser Kampf aussichtslos zu sein und das Netz des Lichtes, das wir mit unseren Ritualen knüpfen, zu schwach, um die Finsternis zu erhellen. Trotzdem geben wir nicht auf und glauben an die Kraft unserer sanften Macht – bricht nicht auch das weiche Wasser den härtesten Stein, wenn er ihm nur lange genug ausgesetzt ist?

Langsam weicht das gleißende Licht des Tages der Abenddämmerung. Ich stehe im obersten Gemach des Turmes und warte. Schließlich wird meine Unruhe zu stark, so dass ich den Raum verlasse und zur Plattform emporsteige. Schwer atmend lehne ich mich an die steinerne Brüstung.

Die Dunkelheit streckt ihre Fühler aus, erste Schatten kriechen am Fuß des Turmes empor. Der Abendwind spielt mit meinem Haar, mit meinem langen, weißen Gewand und kühlt mein brennendes Gesicht. Ich warte weiter, während mich die Nacht mit ihrer samtenen Schwärze umfängt. Am Rande der Lichtung erscheinen im fahlen Licht des Mondes die Silhouetten der Bäume blass und unwirklich. Starr und unbeweglich stehen sie da, scheinen zu warten wie ich. Ich kann sie spüren, noch bevor ich sie höre. Eine Spannung liegt in der Luft, die Nacht scheint zu vibrieren vor Energie. Plötzlich ist ein Raunen und Wispern zu vernehmen, erst leise, dann immer deutlicher. Auch wenn ich die Worte der uralten Sprache nicht verstehen kann, so weiß ich doch, dass sie mich rufen. Es ist nun soweit. Mit unsicheren Schritten gehe ich die Treppe hinunter. Vor der schweren Eichentür, die mich von der Welt draußen trennt, verlässt mich beinahe der Mut. Schließlich drehe ich mit bebenden Händen den Schlüssel um und trete hinaus in die Dunkelheit, von der ich nicht weiß, ob sie mir feindlich oder freundlich gesinnt ist. Die Stimmen der Nacht werden lauter, und ich höre, wie sie meinen Namen rufen. Meine Beine zittern, als ich dem Pfad folge, der von dem Turm wegführt. Es ist zwecklos, ich kann meiner Bestimmung nicht entfliehen. In der Mitte der Lichtung kann ich die dunklen Umrisse der Quelle sehen und gehe darauf zu. Unwirkliche Schatten begleiten mich auf meinem Weg, umschweben und berühren mich. Etwas Tröstendes geht von ihnen aus, und ich weiß, dass ich keine Angst zu haben brauche. Wenig später knie ich an dem verwitterten Steinbecken nieder, das die Quelle umgibt. Das kalte Licht der Sterne spiegelt sich in dem silbern glänzenden Wasser wider, das Kühlung und Frische verspricht. Wie von selbst gleitet meine Hand in das glitzernde Nass, und für eine Weile verliere ich mich in der Welt meiner eigenen Gedanken. Irgendetwas veranlasst mich, den Kopf zu heben, und ich blicke in ein steinernes Antlitz, das uralt ist und nicht von dieser Welt. Welche Hand hat es wohl vor Urzeiten in den Fels gehauen, aus dem die Quelle entspringt? Zögernd berühren meine Finger den rauen, bemoosten Stein.

In diesem Augenblick rast ein gleißender Streif über den Himmel, der so hell ist, dass ich sekundenlang die Augen schließe. Als ich sie wieder öffne, bin ich in silbern glänzendes Licht getaucht. Die Sterne über mir sind näher als zuvor und umfangen mich sanft mit ihren Strahlen. Leicht wie der Flügelschlag eines Schmetterlings steigt meine Seele auf und verbindet sich mit dem Universum. Ich verstehe nun, wer ich bin und warum ich in diese Welt gesandt wurde. Viele von uns Sternengeschöpfen wandeln unerkannt auf diesem Planeten, um durch unser stilles, segensreiches Wirken die Menschen davon abzuhalten, sich selbst zu vernichten. Auch ich gehöre zu diesen Wesen, die unermüdlich und beharrlich den Kampf gegen die Dunkelheit führen, der so oft aussichtslos zu sein scheint. Zu wenige von uns sind hier, um sich der Armee der Finsternis entgegenzustellen, die mit jedem Tag stärker wird und die Menschheit immer mehr ins Verderben stürzt. Und es ist nicht nur das Böse, dem wir uns stellen müssen, auch der menschliche Körper, in dem wir für die Dauer unseres Aufenthaltes auf der Erde gefangen sind, bereitet uns unerträgliche Qualen. In einem menschlichen Körper zu stecken, menschliche Wünsche zu haben und doch nicht wie ein Mensch fühlen zu können, dies stürzt uns Lichtwesen in einen immerwährenden Konflikt. Nicht wenige von uns sind daran zerbrochen.

Ich werde jäh aus meinen Gedanken gerissen, als erneut ein gleißender Streif vom Himmel zur Erde rast. Wenig später fällt etwas Leuchtendes, Glitzerndes in das Becken der Quelle. Ohne zu zögern greife ich danach und halte gleich darauf einen silbernen Stern in meinen Händen, der ein überirdisches Strahlen verbreitet. Für einen Augenblick setzt der Schlag meines Herzens aus, als ich endgültig die Wahrheit über mich und mein Schicksal erkenne. Nur noch einmal werde ich zu meinen Gefährtinnen zurückkehren, um ihnen das Licht zu bringen, das sie stark und siegreich machen wird bei ihrem Kampf gegen die Finsternis. Dann werde ich sie für immer verlassen, denn meine Bestimmung wird es von nun an sein, das Sternensilber hinauszutragen in die weite Welt. Ich werde diejenigen suchen und finden, die bereit sind, der Armee der Finsternis die Stirn zu bieten, und ich werde auch sie an der Macht des Sternensilbers teilhaben lassen. Immer zahlreicher werden die Träger dieses Lichts sein, bis wir vielleicht eines Tages stark genug sind, um die Mächte der Dunkelheit zu besiegen und die gequälte, verwundete Erde zu heilen.
Auch wenn es immer wieder Menschen geben wird, die mich ein Stück auf meinem schweren und steinigen Weg begleiten, so werde ich letzten Endes doch wieder allein sein, ich werde diesen Weg so lange gehen, bis meine Zeit auf dieser Erde vorbei ist, und erst, wenn meine Seele diesen Körper verlässt und zu den Sternen zurückkehrt, werde ich rasten dürfen.

Ich bin Cassandra mit dem goldenen Haar, und ich trage die Last der Welt auf meinen Schultern.

Christiane Schäfer

Der gelbe Zettel

Ein gelber Zettel flog auf ein weißes Blatt, auf dem sich schon in den oberen Zeilen eine kaum leserliche Schrift breit gemacht hatte.
„Was willst Du hier?“ sprach die Schrift. „Du bist mir im Weg.“
Der Zettel war überrascht, denn an allen Plätzen, wo er bisher gelandet war, wurde er freundlich aufgenommen.
„Ich möchte dir ein bisschen Gesellschaft leisten“, sagte er.
„Gesellschaft? Die brauche ich nicht. Das hier ist mein Reich. Da hast du nichts zu suchen.“
„Aber du kannst mich beschreiben.“
„So gelb wie du bist. Ich schreibe nur auf weißes Papier.“
„Du könntest es aber doch einfach probieren.“
„Geh weg. Du liegst genau in meiner Zeile. Ich muss hier weiterschreiben.“
„Aber ich klebe fest.“
„Wie, du klebst fest?“
„Ich bin nämlich ein Haftzettel.“
„Ein Haftzettel!? Dann geh schleunigst wieder ins Gefängnis.“
„Das hat doch nichts mit einem Gefängnis zu tun. Ich meine doch nur, ich klebe hier und du kannst mich auch an eine andere Stelle kleben, wo du mich gebrauchen kannst.“
„Verschwinde hier. Ich muss dringend weiterschreiben.“
„Ich kann mich nicht von selber bewegen. Du musst mich schon aufheben.“

So rief die Schrift nach einer Hand, die dann kam und den Zettel an die Wand klebte. Die Schrift hatte endlich Ruhe und schrieb zügig weiter.

Hubertus Wild

Kassiber

Justizobermeister Willy Weinfurtner (62, verh., 3 Kinder, 38 Dienstjahre) betrachtete wieder einmal so einen kleinen gelben Zettel mit Kleberand, den er aus der Zelle 16 herausgeholt hatte. Der Zettel war leer. Nichts stand drauf. In den drei Monten, die der Roman Zehrer in der 16 einsaß, war das nun der 7. Zettel gleicher Art, den Weinfurtner entdeckt und entfernt hatte. Er hatte sie in ganz unregelmäßigen Abständen gefunden, jedes Mal unbeschrieben. Gründlich hatte er die Zelle durchsuchen lassen, dabei selber in alle Ecken geschaut, doch das war sicher: Der Häftling Zehrer besaß keine solchen Zettel. Sie kamen von außen, voraussichtlich mit dem Essgeschirr. Jedenfalls hatte sie Weinfurtner in allen Fällen dort entdeckt.

Weinfurtner ließ sich beim Herrn Direktor Dr. Knüll melden. Eine halbe Stunde später stand er vor dem Leiter der Strafanstalt Kohlbrunn und berichtete: „Herr Direktor, seit dem 12. Februar habe ich beim Häftling Zehrer sieben kleine gelbe Zettel gefunden und entfernt, die ich hier aufgeklebt habe. Es steht nichts darauf. Sie kommen mit dem Essen in die Zelle. Der Zehrer nimmt nie einen weg, lässt sie auf oder am Tablett. Doch es muss irgendetwas dran sein an diesen Zetteln. Aber was?" Direktor Dr. Knüll betrachtete die sauber aufgeklebten Zettel, löste einen ab, schaute ihn von beiden Seiten an und hielt ihn gegen das Licht. Nichts war zu erkennen außer eben einem leeren gelben Zettel. „Lassen Sie die Dinger einmal hier. Ich werde sie vom Labor der Kripo untersuchen lassen. Vielleicht wissen wir dann mehr. Aber, Herr Weinfurtner, passen Sie auf den Zehrer gut auf. Das ist der Kopf der Bande, den wir da erwischt haben. Seine Komplizen und vor allem die Beute, das heißt den Geldtransporter und die 2,3 Millionen Euro, die werden wir finden. Eines Tages alles miteinander. Hauptsache, dass wir ihn haben, den Zehrer! Also, aufgepasst Herr Weinfurtner! Auch auf leere Zettel oder andere Kassiber! Ja, das wär's wohl! Jedenfalls vielen Dank für Ihre saubere Arbeit! Alsdann: Auf Wiedersehen!"

Der Untersuchungshäftling Roman Zehrer (42, 171m, 64 kg, leptosom aber kräftig, röm. kath., geschieden) war ein freundlicher, hilfsbereiter

Insasse der Strafanstalt Kohlbrunn, derzeit Bewohner der Zelle Nr. 16. Wiederholt hatte er klaglos, ja sogar freiwillig beim Küchendienst mitgearbeitet, oft auch beim Kehren des Hofes geholfen, was U-Häftlinge noch nie getan hatten. Zehrer bekam keinerlei Post, außer einer spanischen Zeitschrift, die er stets gründlich las. Ganz besonderen Wert legte dieser Zehrer auf die tägliche Hofrunde. Er war – so betonte er – ein „Frischluftsüchtiger". Also marschierte Zehrer jeden Tag in der langen Reihe der Häftlinge um den Innenhof, meist so 12 Runden in einer 3/4-Stunde. Es ging am Seitenflügel entlang, dann längs des Zaunes mit seinen 30 Pfosten, danach im Bogen zum Hauptgebäude und weiter zum Seitenflügel. Von dort eben da capo al fine, täglich 10 bis 12 Runden.
Zehrer hatte dabei nie die Schritte oder die Minuten gezählt, nein, er zählte die Zaunpfähle bis zum dreiundzwanzigsten. Dort blieb er kurz stehen, nestelte sein Taschentuch aus der Joppentasche (die Hosen hatten keine Taschen), ging dann jedoch sofort weiter, wobei er sich schnäuzte.

Die zwei Aufseher, die schwer bewaffnet in der Mitte des Hofes standen, hatten dafür zu sorgen, dass die lange Reihe der „Spaziergänger" gleichmäßig in Bewegung blieb. Und dafür, dass keine Gespräche aufkämen. Schweigend schritten die Häftlinge dahin, Runde um Runde. Jeden Tag dasselbe Schauspiel, heute nicht anders. Weinfurtner widmete dem „16-er", dem Zehrer, seine besondere Aufmerksamkeit. Außer, dass dieser U-Häftling von Zeit zu Zeit einen Strich an die Zellenwand kratzte, eben sich so einen „Knast-Kalender" anlegte, war er höflich, jedoch verschlossen und im Ganzen „unauffällig". Bis auf diese kleinen gelben Zettel. Davon waren es indessen schon 14, einer wie der andere. Sie ließen nach wie vor nichts erkennen. Selbst das Polizeilabor hatte nur eine Reihe von Fingerspuren gefunden. Von etwa 6 Personen, darunter von Dr. Knüll, von Weinfurtner und von Zehrer. Die anderen schienen aus der Anstaltsküche zu kommen, konnten aber auch vom Geschirr stammen, das täglich zwischen Küche und den Zellen hin und her wanderte und durch mehrere Hände ging. Weinfurtner erkundigte sich in der Anstaltsküche und erhielt von dort, von der kleinen, runden Frau Silbernagel (35, 1,57m, 65 kg, verwitwet, kinderlos) die Auskunft, dass „salzlose Kost" meist mit gelben Klebern gekennzeichnet würde. Wie sie eben dieser Häftling Zehrer mitunter bekäme. Weinfurtner war der Frau Silbernagel dankbar für die Auskunft. Er schätzte die stille, fleißige Frau, die seit einigen Jahren ihm gegenüber auf demselben Stockwerk des staatlichen Mietgebäudes wohnte und seines Wissens nach bestimmt schon 10 Jahre im Gefängnis arbeite. Daher maß Weinfurtner diesen Zetteln allmählich kaum noch Bedeutung zu, obwohl er sie akribisch weiter sammelte.

Die Tage und Wochen vergingen in gleich bleibender Eintönigkeit, für Dr. Knüll, für den Justizobermeister Willy Weinfurtner und den U-Häftling Roman Zehrer. Letzterer wartete täglich voller Spannung auf sein Mittagessen. Fand er bei diesem einen der gelben Zettel, dann machte er wieder einen Strich auf seine „Wandtafel" und sorgte dafür, dass „sein" Herr Weinfurtner den Zettel bestimmt fand.
Etwas hatte sich jedoch am Verhalten des Roman Zehrer verändert. Immer öfter blieb er bei den täglichen Hofrunden stehen. Ausgerechnet bei Pfosten 23. Mal musste er ein Steinchen aus einem Schuh entfernen, dann wieder verweilte er dort kurz, um einem Jet am Himmel nachzuschauen. Oder er hatte das ihm entfallene Taschentuch aufzuheben. Bisweilen schien er Magenbeschwerden zu haben, denn er ging gebückt und hielt sich den Bauch. Doch gab es täglich für fast jeden Gefangenen einen Grund, auf der Hofrunde irgendwo kurz stehen zu bleiben. „Sie haben halt so ihre Marotten!" meinte Weinfurtner, als er mit dem Keilholz Franz zusammen Dienst als Hofaufsicht hatte. „Je mehr ihnen die Zellendecke auf den Kopf fällt, umso mehr solche Sonderheiten zeigen sie! Da macht der Zehrer keine Ausnahme!"
Unverdrossen heftete Weinfurtner Zettel neben Zettel auf den Extrabogen in der Akte „Zehrer, Roman – Nr. 16 – Verdacht auf Raub".

An einem der folgenden Tage verlor Zehrer auf der Hofrunde, exakt bei Pfosten 23, einen Knopf von seiner Joppe. Er hatte am Boden kniend, den Kopf fast im spärlichen Rasen, etwas länger gebraucht, bis er den „Ausreißer" wieder fand. Das hatte die ganze Runde kurz zum Stehen gebracht und die Aufsichtsbeamten zu erhöhter Aufmerksamkeit veranlasst. Das war aber auch alles, jedenfalls bestimmt kein Zwischenfall. Als Weinfurtner den 22. Zettel fand, der etwas verknittert war, da zeigte der Häftling erstmals stärkere Magenbeschwerden. Er krümmte sich bei der Hofrunde öfter zusammen, presste die Hände auf den Bauch und blieb wiederholt kurz stehen. Beim Pfosten 23 zog es ihn fast zu Boden, wobei er laut stöhnte und vor Schmerzen mit den Fäusten auf den Boden trommelte. Nach kurzer Rast richtete er sich tief atmend auf und schien den Anfall überwunden zu haben.

Es vergingen 3 oder 4 Tage, Weinfurtner konnte sich später nicht mehr genau an die Dauer erinnern, als er den 23. Zettel beim Essgeschirr von Nummer 16 fand und ihn aufklebte. Dabei war ihm aufgefallen, dass es zwei zusammenhängende Zettel vom selben Block waren, wie sie oft versehentlich miteinander abgerissen wurden. So wie er sie gefunden hatte, leer und unbenutzt, klebte er sie in die Reihe, machte aber ein Kreuz daneben, zur Erinnerung, dass sie doppelt lagen. Der folgende nachmittägliche Hofgang drehte sich still, nur vom Schlurfen der Häftlinge untermalt, um die zwei Aufseher, als der Häftling Zehrer am Pfosten 23 stolperte und sich nur mit einem Sprung vor dem Sturz bewahren konnte. Doch mit dem Sprung brach die Erde neben dem Pfosten 23 unter Zehrers Füßen ein. Es öffnete sich ein dunkles Loch, in welchem Zehrer mit den Füßen voraus verschwand, wie hinuntergezogen. Erde bröckelte nach und der Pfosten 23 neigte sich über die Grube. Der Boden hatte Zehrer verschluckt oder begraben. Helle Aufregung machte sich sofort im ganzen Hof breit. Alle Gefangenen liefen zu der Unglücksstelle, konnten dann nur mühsam von den zwei Wachen, später von hinzu gekommenen weiteren Aufsehern, vom Zaun weg und in die Zelle getrieben werden. Während dessen schrillte der Alarm durch die ganze Anstalt, sogar hinaus über Mauer und Zaun auf die Bogenstraße, die am Gefängniszaun entlang führte.

Auf der anderen Seite der Bogenstraße, etwa 60 Meter vom Anstaltszaun entfernt, krochen um diese Zeit zwei stark verdreckte Männer in einem Kellerabteil aus einem Loch in der Mauer. Zwei kräftige Helfer und eine kleine, runde Frau nahmen die beiden in Empfang. Hastig riss sich der eine die Anstaltskleidung, der andere einen Jogginganzug vom Leib und beide schlüpften in alte, zivile Kleidungsstücke. Rasch entstand aus dem, der gerade noch wie ein Häftling ausgehen hatte, ein älterer Mann mit grauem Haar und Bart sowie dicker Hornbrille. Zusammen mit der Frau, die einer wenig gepflegten Frührentnerin glich, verwandelten die beiden Helfer auch den anderen Ankömmling in einen friedlichen Normalbürger. Während sich die beiden Helfer sofort an die Arbeit machten, das Fluchtloch in der Mauer zu schließen und mit einem Schrank sowie allerhand Kellergeräten, alten Utensilien und leeren Flaschen zu kaschieren, sagte die Frau: „Komm, Roman, es pressiert!“ Und schon stieg der kaum als Roman Zehrer wieder zu erkennende Mann in den ersten Stock des Hauses und beide verschwanden in der Wohnung „Silbernagel“, deren gegenüberliegende Wohnungstür das Namensschild „Weinfurtner“ zeigte.

Kaum war die Wohnungstür geschlossen, da umarmte Roman Zehrer die kleine Frau Silbermann und flüsterte ihr ins Ohr: „Eva, Du bist mein Schutzengel, mein Stern! Danke! Ich danke Dir! Ohne Dich wäre ich nicht hier, wäre gar nichts passiert, wäre nichts gegangen. Hast Du bedacht, wie es weiter geht, Schatz?“ Frau Eva Silbernagel nickte, gab ihrem Roman einen flüchtigen Kuss, verschwand aber sofort im Schlafzimmer und kam nach einiger Zeit völlig verändert im Reisekostüm, unter rotblonder Perücke, stark geschminkt und mit breiter Sonnenbrille im Haar wieder heraus. Unverzüglich ergänzte sie noch den Inhalt eines sonst fertig gepackten Reisekoffers und stopfte Verschiedenes in ihre große Handtasche. Indessen hatte Zehrer einen schwarzen Piloten-Trolley aus der Kammer geholt und in diesem ein paar Handtücher, 2 Flaschen Bier und einen Stadtplan gesteckt. Er besprach mit Frau Eva ein paar Dinge, übergab ihr einen Zettel mit einer Notiz und verabschiedete sich ohne Eile. Etwa eine halbe Stunde später verließ auch Frau Eva Silbernagel das Haus, ging aber nicht zur Bus-Haltestelle, wie zuvor der ältere Mann mit dem Trolley, sondern in die entgegengesetzte Richtung. Sie zog ihren Reisekoffer mit Rollen hinter sich her, trug einen Regenmantel über dem Arm und ihre große braune Handtasche quer über die Schulter gehängt. Bald hatte der Stadtverkehr beide verschluckt.

Roman Zehrer fuhr mit dem Bus bis zur Haltestelle „Vogelsang“, schlug den Weg zur Schrebergarten-Kolonie „Krautfelder“ ein und erreichte zügig die Parzelle 23 im Quartier „Wirsing“. Ohne Zögern betrat er den Garten, ging zum Gartenhaus, fingerte unter der großen Regentonne den Schlüssel heraus und verschwand hinter der Tür mit dem aufgenagelten geschnitzten Raben. Dann versank diese Ecke der Kolonie wieder in stiller Leere.

Etwa drei Stunden später fragte jene kleine, runde Dame, die mit dem Taxi bis zum Eingang der Gartenkolonie gekommen war, in der zur Kolonie gehörenden Gartenwirtschaft nach dem „Wirsing-Quartier“. Sie hatte aber weder ihren Koffer noch den Regenmantel dabei, dafür aber die große, braune Shopper-Handtasche reichlich beladen. Der griechische Wirt ging mit ihr bis zum Hautgang und zeigte ihr den Weg, zumindest die Richtung, in der sie jenen von ihr gesuchten Teil der Gartenanlage erreichen konnte.

Es dauerte einige Zeit und wurde schon dunkel, da klopfte diese Dame am Häuschen auf der Parzelle 23 in einem bestimmten Rhythmus am Seitenfenster. Die Tür wurde geöffnet und die Frau verschwand im Halbdunkel der Hütte. Roman Zehrer legte sich wieder auf das kleine Sofa, Eva Silbernagel setzte sich auf den Rand des Möbels und streichelte die Hände des erschöpften Mannes. „Du, Eva, das eine Bier hat mich so müde gemacht. Da merk' ich erst, dass ich an nichts mehr gewöhnt bin. Aber mein Gepäck ist fertig. Alles ist drin!" Er deutete auf einen Piloten-Trolley, der prall gefüllt neben der Tür stand – „Bleib' liegen! Ich mache jetzt erst einmal etwas zu essen und dann wollen wir weiter planen, denn morgen müssen wir hier weg sein, sozusagen unbekannt verzogen!" – Sie stand auf und machte sich an dem Gaskocher zu schaffen. „Magst Du Ripperl mit Kraut? Dafür hab ich alles mitgebracht!" fragte sie den Mann, der jedoch schon eingeschlafen war. Nachdenklich, mit kühlem Blick, betrachtete Frau Eva den leise schnarchenden Mann. Sie kramte aus ihrer Handtasche etwas heraus, wohl die Herztropfen, hantierte mit den Biergläsern und trat vor den winzigen Kochplatz mit dem Gaskocher. Dort bereitete sie alles für dies erste Abendessen ohne Zaun und Gitter vor. Sie deckte den Tisch, so gut es das karge Geschirr des Gartenhauses zuließ. Während sie ihrem Freund und Gastgeber ein Bier einschenkte, weckte sie ihn und meldete: „Raustreten zum Hofgang!" Roman Zehrer wachte auf, hörte die vertraute Stimme, reckte sich beim Aufstehen und setze sich an die nächtliche „Festtafel", zu Ripperln mit Kraut.

In der Verwaltung er Strafanstalt Kohlbrunn öffnete am Tag nach dem Hofunfall Amtsrat Perlmann einen Brief mit dem Absender Eva Silbernagel. Halblaut las er:

„Sehr geehrter Herr Amtsrat Perlmann,

mein Bruder Wilhelm ist in Spanien, wo er seit 28 Jahren lebte, plötzlich verstorben. Ich bitte, mir 4 Tage Urlaub zu genehmigen, denn ich muss zur Beerdigung nach Rumoz bei Santander und soll dort auch möglichst alles regeln, was erforderlich ist. Vielleicht kann Frau Kremsky meine Arbeiten für die kurze

Zeit übernehmen. Entschuldigen Sie bitte meine kurzfristige Abwesenheit, die durch den Tod meines Bruders entsteht.
Mit freundlichen Grüßen und ‚Auf Wiedersehen'
Eva Silbernagel"

An eben diesem Morgen, der die Schrebergärten matt beleuchtete und von Geräuschen der erwachenden Stadt begleitet wurde, trat aus dem Gartenhaus der Parzelle 23 in der Kolonie „Krautfeld" eine kleine runde Dame, die einen etwas zu voll gestopften Piloten-Trolley dabei hatte. Sie verschloss die Tür, aus der beim Zuziehen schwacher Gasgeruch entwichen war, und steckte den Schlüssel in die ihre große braune Handtasche. Sie verließ das Grundstück und ging mit forschem Schritt zurück zum großen Tor der Anlage, von dort weiter zu der nahen Bus-Haltestelle „Vogelsang". Hätte jemand sie verfolgt, dann hätte dieser bemerkt, dass die Dame geradlinig zur Haltestelle „Krematorium" fuhr, zur Anschlussstelle der Schnell-Linie zum Flugplatz. Dort stieg sie in diesen Linienbus ein und studierte auf der Fahrt zum Airport die Prospekte von Porto Juarez (Yucatan), die mit dem Spruch „Baden am Strand der Majas" für Gäste warben. Doch niemand beachtete die kleine schicke Frau, die sich in der Halle des Flugplatzes den „Tagesboten" kaufte, aus dem Schließfach ihren großen Koffer und den Regenmantel holte und sich in die Reihe der Passagiere stellte, die zum Einchecken anstanden. Sie behielt als Handgepäck nur die Handtasche und den kleinen Trolley. Beim Passieren der Sperre zeigte der Durchleuchtungsschirm im Trolley etwas Metallisches an. Außer gebündeltes Papier enthielt dieses Handgepäckstück aber nur eine Nickelbrille. Diese hatte das Signal verursacht. Ohne Schwierigkeit erreichte Frau Eva Gate 23. Während sie im Gate 23 auf den Aufruf der Maschine nach Miami (USA) wartete, die Anschluss zum Inlandflug nach Merida (Yucatan) hatte, studierte sie die Neuigkeiten im „Tagesboten" und blieb an der Meldung hängen „Sensationeller Ausbruch aus Kohlbrunn! Zehrer, der Millionenräuber ist verschwunden!" Interessiert las sie den Bericht, in dem von einer Sprengung im Kanalsystem oder einer Unterspülung der Bogenstraße die Rede war. Mit der Merkung: „Lauter Halbwahrheiten!" steckte sie die Zeitung in den Papierkorb und widmete sich ihrer Reiselektüre, einem Kriminalroman mit dem Titel „Kassiber 23".

Isabella Baum

Samhain

Wie oft schon habe ich die Nacht von Samhain[1)] erlebt, aber heute ist alles anders. Heute scheint mich etwas zu rufen. Warum habe ich in all den Jahren niemals zuvor diesen Ruf vernommen? Wollte ich ihn nicht hören, war meine Angst zu stark?
Meine Aufregung wächst. Kaum schaffe ich es, die Knöpfe meines langen, schwarzen Kleides zu schließen. Meine Hände zittern, als ich mich in den warmen Umhang aus dunkler Wolle hülle. Die Nacht ist kalt. Mit meinen Stiefeln in der Hand schleiche ich leise die Treppe hinunter.

Die Tür zum Wohnzimmer steht einen Spalt offen. Ich habe ihnen erzählt, ich wäre sehr müde und würde zeitig zu Bett gehen. Wie leicht sie doch zu täuschen sind! Eigentlich sollten sie mich besser kennen. Wann habe ich diese Nacht jemals schlafend verbracht? Sie sitzen vor dem Fernseher und sehen sich einen Horrorfilm an. Auf dem Tisch stehen Gläser und Flaschen, eine große Schale Popcorn wird herumgereicht. Nur mühsam kann ich ein verächtliches Schnauben unterdrücken. Auf Zehenspitzen gehe ich den nur schwach erleuchteten Flur entlang und husche zur Hintertür hinaus. Draußen ziehe ich meine Schuhe an, dann verschluckt mich für kurze Zeit der dunkle Garten, bevor ich in die ruhige Seitenstraße einbiege. Minuten später befinde ich mich mitten in der Stadt. Lärm und Gestank empfängt mich, die grelle Beleuchtung tut mir weh.

So schnell ich kann, eile ich durch die nächtlichen Straßen. Mein Weg führt vorbei an Schaufenstern, die mit albernen Kürbisfratzen, Totenschädeln aus Plastik und ähnlichen Geschmacklosigkeiten dekoriert sind. Menschen in lächerlichen Kostümen kommen mir entgegen – verspätete Gäste verschiedener Halloween-Partys. Ha – was wissen sie denn schon? Aus dem Schatten einer Seitengasse löst sich ein Mann, ein wahrer Hüne. Mit schwankenden Schritten kommt er auf mich zu, seine Alkoholfahne lässt mich würgen. „Hallo Süße!" lallt er. Mich erfüllt eine namenlose, schwarze Wut. „Wie kannst Du es wagen!" fauche ich ihn an. Unter meinem eisigen Blick beginnt er zu schrumpfen, wird zum Zwerg. Eine Entschuldigung murmelnd, wankt er schließlich zurück in seine dunkle Gasse, so schnell es seine Trunkenheit nur zulässt. Heute Nacht bin ich die dunkle Königin. Seid auf der Hut, ihr unwürdigen Kreaturen, und beleidigt mich nicht!

Endlich lasse ich die Stadt hinter mir. Hier, auf der Heide, ist es friedlich und still – fast zu still. Zum ersten Mal bleibe ich stehen. Wohin nun? Suchend blicke ich mich um. Da – weit weg in den Schatten flammen vier kleine Lichtpunkte auf. Rasch kommen sie näher und ich kann eine Art milchigblaue Flammen erkennen – Irrlichter. Warum wohl haben ihnen die Menschen diesen Namen gegeben? Vielleicht, weil die meisten von ihnen nicht erkennen wollen, dass sie sich längst verirrt haben? Weil sie fürchten, ein Licht könnte ihnen den rechten Weg weisen?

Während ich noch meinen Gedanken nachhänge, haben mich die Flammen erreicht, beginnen mich zu umtanzen, zu berühren. Sie strahlen eine angenehme, samtene Wärme aus. Sind sie die Boten, die mich zu meinem noch unbekannten Ziel bringen sollen? Als sie sich von mir lösen, folge ich ihnen, ohne nachzudenken. Ich weiß nicht, wie lange ich dahinwandere, den Weg vom sanften Licht meiner Begleiter erhellt. Plötzlich verharren sie auf der Stelle. Suchend blicke ich in das Dunkel und erkenne schemenhaft den uralten Grabhügel vor mir. Hier muss es sein, das Tor zu Anderswelt!

Die blauen Flammen scheinen sich vor mir zu verneigen, dann sind sie so schnell verschwunden, wie sie gekommen sind. Ich warte. Noch immer ist es totenstill, nicht das kleinste Geräusch ist zu hören. Angespannt lausche ich in die Finsternis. Plötzlich kommt ein leichter Wind auf, rauscht in den Bäumen und Sträuchern. Ein Raunen und Wispern liegt in der Luft. Aus dem Grabhügel dringt ein Ächzen, dann öffnet sich ein dunkler Spalt und spuckt die Geschöpfe der Nacht aus. Myriaden von ihnen strömen in alle vier Himmelsrichtungen davon. Ich fürchte sie nicht. Wer sind sie – verlorene Seelen auf dem Weg zu den Plätzen, an denen sie einst lebten, liebten und litten? Verlorene Seelen, unterwegs zu den Menschen, die zurückblieben und mit denen sie noch Liebe oder Hass verbindet?

Doch nicht alle verlassen diesen Ort. Ein Teil von ihnen bleibt, umringt mich, nimmt mich wie eine verlorene Schwester in ihrer Mitte auf. Haben sie niemand, mit dem sie etwas verbindet, zu dem sie in dieser Nacht zurückkehren können? Sie scheinen auf etwas zu warten. Während ich noch darüber nachdenke, kommt Bewegung in die Schattengestalten. Ehrfurchtsvoll weichen sie zur Seite, und dann kann ich ihn sehen. Langsam kommt der Dunkle auf mich zu. Sein altersloses Gesicht strahlt Würde und Autorität aus. Er ist mir seltsam vertraut. Wo sind wir uns bereits begegnet, in welchem Leben, in welcher Zeit? Ruhig streckt er mir die Hände entgegen. „Wir haben lange auf dich gewartet. Komm."
„Wer bist du?" Fragend sehe ich ihn an. Er schweigt, doch in seinen uralten Augen kann ich die Antwort lesen und weiß nun, dass ich keine Angst zu haben brauche. Ohne zu zögern, lege ich meine Finger in die seinen. Die Schattengestalten haben unterdessen einen Tanz begonnen, eine Art grotesken Reigen. Hand in Hand treten wir ein in ihre Reihen, drehen uns mit ihnen im Kreise. Was mit langsamen und gemessenen Bewegungen beginnt, nimmt immer mehr an Schnelligkeit zu und steigert sich schließlich zu einem tollen Wirbel. Schwindel erfasst mich und fast bekomme ich Angst, doch der Dunkle bleibt an meiner Seite und hält meine Hand fest in der seinen. Ich schließe die Augen uns lasse mich mitreißen. Es ist, als würde ich den Boden unter den Füßen verlieren ...

Als ich die Augen wieder öffne, haben wir die Erde verlassen. Tief unter mir sehe ich den blauen Planeten schimmern. Von allen Seiten strömen die Schattenwesen herbei, um sich uns anzuschließen. Zusammen beginnen wir unsere Reise durch das All. Hand in Hand mit dem Dunklen führe ich das Heer der Schatten an. Ich sehe von seltsamen Wesen bevölkerte Planeten, erlebe Dinge, die zu groß und zu unbegreiflich sind für den menschlichen Verstand. Das Wissen des ganzen Universums wird mir zuteil, ich erhalte Antwort auf alle Fragen, die jemals gestellt und auch auf die, die niemals gestellt wurden. Ich verstehe, dass Vergangenheit, Gegenwart und Zukunft eins sind, dass Raum und Zeit keine Bedeutung haben. Bis jetzt wusste ich nicht, dass es ein vollkommenes Glück gibt. Hier habe ich es gefunden. Könnte ich doch ewig hier bleiben, mit dem Dunklen an meiner Seite, als Teil dieses großen, einzigartigen Ganzen ...

Die Stimme meines Gefährten reißt mich aus meinen Träumen. „Es wird Zeit!“ Bevor ich noch etwas sagen kann, rasen wir bereits auf die Erde zu, fühlen uns wie von einem Strudel nach unten gezogen. Schon berühren meine Füße wieder den Boden. Benommen sehe ich mich um. Ein graues Dämmerlicht verkündet den nahenden Tag, doch der Dunkle ist noch immer neben mir, hält noch immer meine Hand in der seinen. Er reicht mir einen Zweig, mit roten Beeren, eine Geste, die mehr bedeutet als tausend Versprechen. Schon strömen die Schattenwesen zurück in den Spalt, verwehen mit den ersten Morgennebeln. Der Dunkle streicht sacht über mein Gesicht, bevor auch er durch das Tor zur Anderswelt tritt. Noch einmal treffen sich unsere Blicke, dann schließt sich jäh der Spalt.

Ein kalter Novembermorgen bricht an. Fröstelnd hülle ich mich fester in meinen Umhang und mache mich auf den Rückweg. Nach einiger Zeit erreiche ich die Stadt, die zu dieser frühen Stunde grau und trostlos wirkt. Durch menschenleere Straßen gehe ich nach Hause, den Zweig mit den roten Beeren in meiner Hand.

Dreihundertvierundsechzig öde, leere Tage liegen vor mir.
Dreihundertvierundsechzig Tage in einer lauten, feindlichen und gemeinen Welt. Doch dann, am dreihundertfünfundsechzigsten Tag, wird wieder Samhain sein. Das Tor zur Anderswelt wird sich erneut für den Dunklen und sein Heer der Schatten öffnen. Keine andere wird dann den Platz einnehmen, der allein mir gebührt. Ich werde da sein!

1) Samhain ist das keltische Neujahrsfest und wird in der Nacht zum 1. November gefeiert. Später wurde daraus Halloween. In dieser Nacht sollen die Tore zur Anderswelt (Jenseits) weit offen stehen.

Ela Paro

Dessert im All

Mike Dykes langweilte sich. Es ist so einsam hier oben, dachte er und überlegte, an welcher Cremespeise er vor dem Essen naschen sollte. Im Probieren des Nachtisches oder ihn sogar ganz vorweg zu nehmen, sah Mike einen großen Vorteil. Das Hauptgericht schmeckte danach nicht mehr so gut und wurde nicht ganz aufgegessen. Von den Cremespeisen gab es vier Sorten zur Auswahl: Erdbeergeschmack, Mandarine, Apfel und Banane. Mike entschied sich für Banane, das gab ihm zusätzlich noch ein Sättigungsgefühl; vielleicht konnte er dann vollständig auf die Hauptmahlzeit verzichten.

Er drehte den Sessel herum, löste den Gurt und begab sich halb schwebend, halb torkelnd zum rückwärtigen Teil der Raumkapsel, in dem sich in einer verschlossenen Schublade die Tuben mit den Cremespeisen befanden. Wieder im Cockpit drehte Mike die Tube in den Händen hin und her, bevor er den Verschluss aufdrehte und etwas von der Creme direkt aus der Tube in den Mund drückte. Hmmmmm, schmeckte nach Banane; aber doch etwas künstlich. Unten auf der Erde hätte er das früher nicht gegessen, erst in der Ausbildung zum Astronauten war er zu dieser Ernährung gekommen. Es hatte Vorteile, kein Schneiden und Putzen, kein Kochen, kein Geschirr, Tube auf und Inhalt im Mund zergehen lassen. Die leere Tube war einfach zu entsorgen. Bei Menschen, die zu beschäftigt waren, um sich ein Essen zuzubereiten, wurde die Astronautennahrung immer populärer.

Wie lang hier im All so ein Tag war. Seine Kapsel war programmiert, flog einen berechneten Kurs; Mike hatte nicht viel zu tun. Apparate betrachten, Logbuch führen, essen, schlafen. Kontakt mit der Raumfahrtstation, von der er sich immer weiter ins unendliche All entfernte. Hier oben war es dunkel und wer sagte überhaupt, dass das All oben war? Von der Erde aus gesehen ja, aber hier im All war eine vollkommen andere Perspektive. Das Universum war grenzenlos, nach allen Seiten grenzenlos, das Kurshalten war das Wichtigste. Doch da konnte nichts schief gehen, die Computer waren programmiert. Zu bestimmten Zeiten las er endlos lange Zeichen-Kombinationen ab, trug sie in ein Buch ein und gab sie per Funk an die Raumstation weiter. Eventuelle Kurskorrekturen wurden von dort aus vorgenommen. Es war langweilig. Alle möglichen Zerstreuungen an Bord hatte Mike schon in Anspruch genommen. In der Raumkapsel war es nicht möglich, das TV-Programm der Erde zu empfangen, auch die Musik, CDs und DVDs, hatte er alle schon mehrmals gehört bzw. gesehen. Bewegung war sehr eingeschränkt, an Schlaf nicht zu denken. Er achtete darauf, seinen Rhythmus von zehn Stunden Arbeit, sechs Stunden Freizeit und acht Stunden Schlaf einzuhalten, doch je länger er im All war, desto schwieriger wurde das. Und Mike wusste genau, dass seine Raumkapsel noch 413 Tage unterwegs sein würde, um zu erkunden, ob noch tiefer im All ein Errichten einer weiteren Raumstation möglich sei.

Die Dunkelheit wurde von einem Lichtstrahl unterbrochen und Mike wunderte sich. Sonnenlicht? Bevor er eine Verbindung zur Raumfahrtstation herstellen konnte, sah er einen Planeten, den er hier nicht erwartete. Es war: DIE ERDE!

Mike blieb fast die Luft weg. War seine Kapsel im Kreis geflogen, seine Mission nur eine Vorgabe und er wurde bisher 205 Tage im All herumgeschickt, um dann ohne Ergebnis zur Erde zurück zu fahren? Das konnte nicht sein. Was war das für ein Planet, der der Erde glich und die Raumstation eventuell davon nichts wusste? Mike meldete sich ab, gab vor, müde zu sein und trennte seine Raumkapsel vom vorprogrammierten Kurs. Er würde später eine Kurskorrektur anfordern, jetzt hatte er Wichtigeres zu tun. Auf einmal war er hellwach und aktivierte den Roboter, nahm Kurs auf Planet Erde II und als er meinte, nahe genug zu sein, schickte er den Roboter los. Nun war es spannend an Bord. Er gab seine Koordinaten weiter, verriet jedoch nichts vom entdeckten Planeten und wartete. Von dieser Entfernung aus würde der Roboter in drei Tagen zurück sein. Mikes Kapsel umkreiste inzwischen den Planeten. Die Kameras machten Aufnahmen, die Mike am Bildschirm vergrößerte. Was er sah, versetzte ihn in immer größeres Erstaunen. Auf dem von ihm entdeckten Planeten gab es Land und Meer, Berge und Flüsse. Erde II war nicht in Dunst gehüllt, das Grün der Vegetation war frisch, die Luft klar und sauber. Der Planet war leer, als ob er die Menschheit erwartete. Es war zu schön um wahr zu sein! Erde II ich begrüße dich!

Als Astronaut erwartete er mit Ungeduld die Rückkehr des Roboters und betrachtete immer wieder die Bilder. Mike Dykes dachte in diesen Stunden weniger daran, wie berühmt er nach seiner Rückkehr sein würde, sondern fiel in eine Art Geschäftigkeit und entwarf einen Plan nach dem anderen. Er kam sich vor wie Gott, mit einem kleinen Unterschied: Die Erde II war bereits erschaffen und sollte nur noch von der Menschheit erobert werden. Welch ein Geschenk! Alle Probleme, wie Energieknappheit, Klimawandel, Luftverschmutzung, Treibhauseffekt, Wassernot, Überbevölkerung konnten zurückgelassen werden. Also war die Logistik die wichtigste Aufgabe, der Transport vom Mutterplaneten zur Erde II. In welcher Reihenfolge, fragte sich Mike Dykes, und wer sollte das bestimmen? Die Wissenschaftler, die Techniker, die Politiker, die einzelnen Kulturen? Wer sollte das Sagen haben, auf dem neuen Planeten?

Mike sah politische Machtkämpfe und neue Kriege, die nun entfacht würden, sah das Wettrennen der Staaten im Space-Shuttlebau, sah die Mächtigen und Reichen, die rücksichtslos gewinnen würden. Welche Chance hatte die Erde II? Astronaut Mike fiel in unruhige Träume, sah auf diesem wunderschönen Planeten Kernkraftwerke, Bohrtürme, Schornsteine der Chemieindustrie, Hochhäuser, Autobahnen, Flughafen entstehen, in Dimensionen, die die auf unserer Erde weit übertrafen.

Benommen und traurig wachte Mike auf und holte den Roboter herein. Er hörte die Piep-Laute der Computer und antwortete auf die Fragen der Raumstation: „Sonderkurs erfolglos beendet, Roboter zurück, Ergebnis negativ. Bitte Kurskorrektur nach Plan." Müde setzte er sich vor die Bildschirme und betrachtete mit Wehmut ein letztes Mal die Aufnahmen, bevor er sie alle löschte. Noch 410 Tage. Genügend Zeit, darüber nachzudenken, wie die Bodenproben nach der Landung auf der Erde unauffällig verschwinden sollten.

Anne E. Flierdl

Utopisch

Es war eine große Leichtigkeit, in der ich mich befand, ein absolut schwereloser Zustand, eine Art Transzendenz.
Ein wohliges Gefühl!

Plötzlich hörte ich eine Stimme, die mich fragte:
„Möchtest Du noch einmal auf dieser schönen Welt leben?"
„Oh, ja!"
Meine spontane Antwort klang als mehrfaches Echo aus dem All.
„Nun, dieses Mal wirst du wieder ein Teil der wunderschönen Schöpfung sein. Allerdings in anderer Kreatur. Du darfst dir wünschen, welches Tier du sein möchtest. Und vielleicht hast du eine Idee, wo du leben willst."

In meiner unwahrscheinlichen Leichtigkeit des Gefühls schien mir diese Überraschung rein gar nichts auszumachen. Reinkarnation? Warum nicht, vielleicht möglich! Als Tier? Vielleicht Bestimmung.

Mit ungeheurer Geschwindigkeit gingen mir farbige Bilder durch den Kopf. Bilder meiner Lieblingsorte auf dieser schönen Welt. Ich sah griechische Landschaften, das Meer, weiße Häuser, üppige Bougainvillea-Büsche in leuchtendem Lila blühend. Dann schoben sich Bilder aus Indien davor, aus dem faszinierenden Rajasthan, mit Tempeln, Palästen, farbenprächtigen Saris.
Die Stimme mahnte:
„Konzentrier' dich, du kannst nur ein Wesen sein!"

Wieder sah ich das blaue Meer vor mir in seiner schier unendlichen Weite, die am Horizont zu zerfließen schien. Weiße Häuser reflektierten das gleißende Licht der Sonne. Dann sah ich sie, die Katze und mein Wunsch war geboren: „Ja, eine Katze auf Samos!"
Als vielfaches Echo kam es zurück:
„Ja – ja – eine Katze – Katze! Auf Samos – Samos!"
Und ich malte mir aus, wie mein Leben sein würde.

Karin Probst

… und eines Tages

hatte ich einen Traum:
Ich saß in meinem Garten auf der Wiese am nahen Teich.
Die Sonne schien, sie spiegelte sich im Wasser,
die Seerosen blühten lila-rot.
Ich sah in den blauen Himmel,
die Wolken zogen vorüber, ein leiser Wind wehte.

Da vernahm ich plötzlich eine Stimme;
wie aus der Ferne kam die Frage:
„Was für ein Tier möchtest du sein,
wenn du wiedergeboren wirst?"
Ich weiß nicht, woher die Stimme kam,
ich hatte niemanden gesehen.

Während ich den Wolken zuschaute,
dachte ich über die Frage nach.
Sie beschäftigte mich auf einmal,
ließ mich nicht mehr los.
Ja, was für ein Tier wollte ich sein?
Da hörte ich den Gesang einer Meise
Vom nahen Haselnussstrauch.

Das ist es, eine Blaumeise möchte ich sein,
dachte ich und zählte Eigenschaften auf, die mir gefielen.
Ich wäre ein hübscher Vogel und außerdem sehr flink,
ich könnte singen, hätte immer zu fressen, auch im Winter,
ich bräuchte nicht in den Süden zu fliegen –
Meisenknödel gab es in den Gärten der Menschen.
Ich wäre wendig und ganz schnell, wenn ein Feind käme,
wie die Schwarze Katze vom Bauern nebenan.

Aber das Beste wäre:
Ich könnte oben auf den Bäumen sitzen,
hätte einen großen Überblick.
Ich würde all die Menschen sehen, die traurig sind.
Dann würde ich ganz schnell auf einen Blumenkasten fliegen
und zu singen anfangen!

Ich wäre ein fröhliches Tierchen,
voller Lebensfreude –
nur an die schwarze Katze vom Bauern nebenan
dürfte ich nicht denken. –

Eine Wolke hat sich vor die Sonne geschoben.
Was habe ich geträumt?
Ach ja, eine Meise wollte ich sein.

Gabriele Rohrmeier

Ich wollt' ich wär

Nein, kein Huhn … beileibe nicht. Aber was möchte ich bei meiner Wiedergeburt eigentlich werden? Gute Frage. Vielleicht ein Eisbär? Der schläft viele Monate in seiner Höhle und braucht sich nicht die täglich wiederkehrende Frage zu stellen: „Was fresse ich heute?" Aber dasselbe gilt auch für den Braunbären.

Bären in jeder Form und Größe haben es mir schon als Kind sehr angetan. Meine Lieblingsmärchen handelten immer von Prinzen, Prinzessinnen, armen Schluckern und Bären jeder Art. So ist es auch verständlich, dass mein absoluter Favorit „Schneeweißchen und Rosenrot" war. Einen Bären so lieb zu haben schien mir weit angenehmer zu sein, als so einen glitschigen Frosch, wie im Märchen „Der Froschkönig". Auch wenn er die ganze Welt besessen hätte, mit dem Glibberzeug hatte ich es nie so recht. Auch heute kann ich das Märchen vom Fischer und seiner dämlichen Frau Ilsebill nicht leiden. Ein Fisch, noch dazu ein fetter schwabbelnder Butt sollte der Glücksbringer sein! Ich denke dabei nur an seine Gräten und den leicht modrigen Geschmack. Also kein Frosch, kein Fisch! Aber was gibt es sonst, was mich reizen könnte, bei meiner Wiedergeburt eine Tierform zu wählen?

Vielleicht ein schnelles auf hohen Bäumen verschwindendes Eichhörnchen. Da würde ich auch den kalten Winter verschlafen. Genügend Nüsse zu sammeln und zu verbuddeln könnte ich mir gut vorstellen. Im Sommer von Ast zu Ast zu schwingen, die Menschen unter mir zu beobachten und falls nötig, in einem der vielen Münchner Friedhöfe oder Parks zu betteln. Aber schmusen würde mit mir keiner. Nicht mal gestreichelt würde ich werden. Langweilig das Leben eines Eichhörnchens, wenn man die Sache als Mensch betrachtet. Vielleicht sehe ich aber alles völlig falsch. Aber fragen Sie mal so ein wendiges und schnelles Etwas. Also das geht nicht. So lasse ich es lieber. Ein Vogel, nein da müsste ich zu nachtschlafender Zeit aufstehen und zwitschern. Möglicherweise erwischt mich eine Katze und verspeist mich als Morgenbraten. Ich habe nämlich große Schwierigkeiten morgens in die Gänge zu kommen. Ich bin ein absoluter Nachtmensch und Morgenmuffel.

Eine Eule wäre auch nicht schlecht. Den Teleskopkopf habe ich laut Aussage meiner Familie und meines Mannes schon von Kindesbeinen an. Damit hätte ich also keine Probleme. Aber Mäuse fressen, nein, danke!

Auch das übrige Fressangebot, tote Küken, oder fliegendes Ungeziefer entspricht absolut nicht meinem Geschmack. Katze, Hund, Meerschweinchen sind auch nicht gerade mein Wunschtraum für ein Leben danach. Niedere Lebewesen wie Fliegen, Motten, Spinnen, Blattläuse und sonstiges Krabbelgetier werden von den Menschen gemieden und so es geht, radikal verfolgt und vernichtet.

Ich will nach meinem Tod als Mensch kein Tier sein, das sofort wieder bei Auftauchen abgemurkst wird. Ein Viecherl zu sein, könnte ich mir gut vorstellen. Obwohl von den Menschen gemieden wie die Pest, aber fast unsichtbar. Nur ekelhaft spürbar! Ich würde die Leute, die mich nicht leiden können, oder mir Schaden zugefügt haben, trietzen, bis ans Ende aller Tage, Spürbar, fühlbar, unsichtbar. An Weihnachten würde ich das Christkind in der Krippe besuchen, würde mit ihm schäkern und plaudern, wie es schon meine Vorfahren getan haben. Nun wollen Sie sicher wissen, was das für ein Unikum ist, dem all meine etwaige Sehnsucht gilt. Der sich in Ohren verstecken kann, abgrundtief gehasst und deshalb von den Kammerjägern gejagt und ausgemerzt wird. Ich will keine Ratte, keine Maus, keine Wanze oder Schnecke sein.

Nein, nichts fühlt sich so wohl und froh, wie der Floh im Ohr, oder Paletot. Als süßer kleiner Floh brächte ich nach Heinrich Waggerl das Christkind zum Lachen. Saugen können wir schon im Mutterleib, also bräuchte ich für mein Flohdasein nicht extra etwas zu lernen, bräuchte mir auch keine Vorräte anzulegen, denn Menschen und Tiere, die ich als Floh besuchen könnte, gibt es hoffentlich immer!

Anne E. Flierdl

Mein Klon-Produkt

War es eine Sinnestäuschung? Mir gegenüber saß eine Person, die genau so aussah, wie ich. Das gibt es doch nicht, dachte ich. Und das bei meinem geheiligten Frühstück, das ich am liebsten allein genieße. Ich schluckte.
„Wer sind S i e denn?"
„Ich bin dein Klon-Produkt!"
„Wer sind Sie?"
„Dein Klon-Produkt! Übrigens kannst du mich ruhig duzen, denn ich bin ja dein zweites Ich!"
„Wieso mein Klon-Produkt? Ich bin doch gar nicht gefragt worden, ob ich geklont werden möchte."
„Ja, das ist mal wieder typisch! Mich haben sie auch nicht gefragt, ob ich als Klon-Produkt sofort so alt sein wollte, wie das Original!"
„Und, wie kommst du ausgerechnet hierher, zu mir?"
„Ach, das waren diese oberschlauen Wissenschaftler. An alles haben sie gedacht, nur wo ich leben sollte, das haben sie vergessen. Kurzerhand bin ich dann zu dir gekommen. Ich habe mir gedacht: Geh zu deinem Original, da bist du am besten aufgehoben!"

Ich war nachdenklich geworden. Wie sollte es weitergehen? Ständig mein Spiegelbild vor Augen! Ich war es gewohnt, wie jeder normale Mensch mein Spiegelbild im Spiegel zu betrachten, allein schon, um mein Äußeres zu kontrollieren. Und das in des Wortes wahrster Bedeutung, als mein Bild im Spiegel.
Und jetzt das: Meine Kopie, also mein Klon-Produkt, ständig an meiner Seite; schlimmer noch, mir gegenüber, ständig vor meinen Augen! In Gedanken vertieft betrachtete ich mein Spiegelbild – äh, mein Klon-Produkt.

„Nicht nur das", so die Bemerkung meines Gegenübers, „nicht nur dein äußeres Spiegelbild bin ich, sondern auch dein inneres! Und darauf waren die Wissenschaftler besonders stolz!"
Mir stockte der Atem.
„Was, was, was – wie meinst du das mit dem inneren Spiegelbild?"

„Na ja, ich meine zum Beispiel deine Denkweise. Nein, ich muss ja jetzt sagen: Unsere Denkweise!"
Ich protestierte: „Was heißt da unsere Denkweise? Es ist immer noch die meine; es sind meine Gedanken!"
„Das meinst d u " kam die Antwort, „und ich sage dir, dass es unsere Gedanken sind. Wir zwei sind jetzt zusammen ein Individuum!"
„Waaas?"
„Ja, reg' dich nicht unnötig auf. Denk' doch mal an Goethe und seinen Ginkgo. Da schreibt er auch von zweien, die eines sind!"
„Ja, schon – aber . . ."
„Nichts, aber! Übrigens war das gerade ein Test, denn so ganz habe ich den Wissenschaftlern auch nicht getraut. Jetzt habe ich aber gemerkt, dass du mit Goethe und Ginkgo schon etwas anfangen kannst."
„Wie du meinst. Am besten ist, du erzählst mir gleich, was sonst noch alles ist."
„Du bist gut. Meinst du vielleicht, es wäre für mich unbedingt so einfach? Schließlich habe ich auch alle deine Macken geerbt, sozusagen!"
Ein langgezogenes „J a" entglitt meinem offen stehenden Mund.
„Welche das sind, will ich dir jetzt gar nicht erst aufzählen. Du weißt sie selbst am besten!"
Auch das noch, meine Macken, dachte ich.
„Aber" tönte mein Klon-Produkt, „auch deine Talente habe ich geerbt."
Nur noch leise konnte ich laut denken: „Schon besser!"

Bevor ich weiter kam in meinem Denken klingelte es. War es das Telefon oder war es an der Tür? Es dauert eine Weile, bis ich drauf kam. Es war der Wecker! Verschreckt schlug ich die Augen auf. Alles ruhig – bis auf eine Amsel, die auf dem Balkongeländer saß und mit kräftiger Stimme ihr Lied sang.

Ach, war die Welt doch schön und Gott sei Dank war ich immer noch ein Individuum!

Inhalt nach Autor/innen **Seite**

Anne E. Flierdl

Ursel Andorfer

Isabella Baum

Josefine Günther

Biografien

Anne E. Flierdl * 1938

Kauffrau und Autorin. Lebt seit 1965 in München.
Als Kauffrau war sie in der freien Wirtschaft tätig, davon die letzten 25 Jahre in der Betriebswirtschaftlichen Unternehmensberatung der Automobilindustrie.
Das Schreiben ist für sie Berufung. Publiziert wurden zahlreiche Artikel in Zeitschriften und Beiträge in Anthologien. Seit 1995 leitet sie als freie Veranstalterin Seminare „Kreatives Schreiben". Aus diesen Gruppen erschienen bisher zwei Anthologien, bei denen sie Herausgeberin und eine der Autorinnen ist.
„Das Schreiben begleitet mich mein ganzes Leben und schenkt mir eine unendliche Bereicherung."

Ursel Andorfer * 1942

An der Waterkant geboren – in den bayerischen Bergen aufgewachsen – in München Wurzeln geschlagen ...
Seit sie Großmutter ist, schreibt sie mit großer Begeisterung Gedichte, Märchen und Erinnerungen.
„Schreiben gehört zu meinem Leben wie das Essen und Trinken!"

Isabella Baum * 1966

Lebt seit 1985 in München. Im Schreiben findet sie einen Ausgleich zu ihrem Beruf als technische Redakteurin. Von mystischen und unheimlichen Themen ist sie fasziniert, was auch in ihren Geschichten zum Ausdruck kommt.

Josefine Günther * 1946

Geboren in Penzberg, wohnt und arbeitet seit 1966 in München.
„Der Notizblock ist mein Wegbegleiter, das Schreiben war und ist mir Trost und Freude von Kindheit an; vom Schulaufsatz und Tagebuch zu Erzählungen und Aufzeichnungen von Erlebnissen und Empfindungen."

Manuela Hahn * 1965

Lebt seit 1991 in München.
Von Märchen, Mythen und Sagen ist sie fasziniert. Schon als Kind las sie viele dieser Geschichten. Inzwischen fand sie eine Form des Schreibens, bei der sie kreativ mit den Worten umgehen kann.

Ela Paro * 1952

Geboren in Lodz (Polen) als Elzbieta Pajor. Lebt seit ihrem zehnten Lebensjahr in Deutschland, seit 1987 in München.
Ein Ausgleich zu ihrem kaufmännischen Beruf ist das Schreiben von Kurzgeschichten. Die Ideen entstehen spontan. Ein aufgeschnapptes Wort, eine Geste von einem Passanten, ein Straßenkünstler mit seiner Mimik. Sie liebt Kontraste und Gegensätze. Erlebtes und Fantasie finden sich in ihren Geschichten wieder.

Karin Probst * 1939

Lebt seit 1956 in München.
Mit dem Aufschreiben von Kriegs- und Nachkriegsgeschichten für ihre Kinder begann sie mit dem Schreiben. Das kreative Schreiben macht ihr viel Freude.

Gabriele Rohrmeier * 1941

In München geboren. 1995 hinterließ der plötzliche Tod des Ehemannes eine große Lücke. Da sie immer schon gerne Aufsätze und Briefe schrieb, folgte sie der Einladung zum kreativen Schreiben.
Im Jahre 1996 nahm sie am Geschichtswettbewerb „Münchner Nachkriegsjahre“ teil. Die „Zeitlupe“, das Senioren-Journal der Münchner Volkshochschule, bot ihr als Redaktionsmitglied von Anfang 2000 bis zur Einstellung der Zeitschrift Ende 2007 eine Plattform, um ihre Geschichten, Redensarten und Historisches zu veröffentlichen.

Christiane Schäfer * 1958

Lebt seit 1985 in München.
„Schreiben sehe ich als willkommenes Kontrastprogramm zu meiner Arbeit in der EDV-Branche. Einfälle kommen oft in unvorhersehbaren Momenten und unsere Sprache bietet dafür mehr als tausendundeine Möglichkeit. Schreiben bedeutet für mich auch Experimentieren und zu neuen Textformen zu finden."

Rita Veras * 1942

In Breslau als 4. Kind in einem christlich-jüdischen Elternhaus geboren. Kindheit und Jugend in München. Gelernte Verlags-Kauffrau. Nach vielen Jahren der Mitwirkung in Theater-Aufführungen hat sie wieder zu ihrer größeren Liebe, dem Schreiben zurückgefunden. Durch das Schreiben möchte sie auch an Unrecht erinnern, „das wir niemals wieder zulassen dürfen."
Veröffentlichungen in Anthologien u. a. in Lesebüchern zur Geschichte des Münchner Alltags, in Regional-Zeitungen und im WDR-Hörfunk. Preis des Kulturamtes der Stadt München 2003.

Hubertus Wild * 1925

Im Wald geboren und aufgewachsen, beschrieb und zeichnete er, was um ihn herum geschah. Verfasste später unendlich viele Briefe. Übt heute noch leserlich zu schreiben. Kam schließlich als Forstbeamter zum Jägerlatein und zum Behörden-Deutsch. Als Redenschreiber eines Ministers erhielt er „Fantasieverbot." Holt jetzt in satirisch-skurrilen Geschichten und Gedichten sowie mit impressionistischen Bildern das Versäumte nach.

Bisher in dieser Anthologie-Reihe erschienen:

Geschichten, Geschichten . . .

Anne E. Flierdl ISBN 3-935852-06-1

Vom Zauber der Worte

Anne E. Flierdl ISBN 3-935852-19-3